끝없는 추구

Nara
도서출판나라

끝없는 추구

초판 발행 | 2006년 1월 5일
4판 8쇄 | 2023년 8월 5일
지은이 | 덱스터 예거, 존 메이슨, 스티브 예거
옮긴이 | 강민정
발행처 | 도서출판 나라
발행인 | 김명선
주소 | 경기도 성남시 분당구 탄천상로 151번길 20
전화 | (02)415-3121
팩스 | (02)415-0096
등록번호 | 제11-227호
이메일 | narabooks@daum.net
ISBN | 979-11-953491-5-9
값 | 16,000원

The Pursuit

Copyright © 2005 by InterNET Services Corporation. All rights reserved.
This Korean language edition is published by arrangement with InterNET Services Corporation, USA.
Translation copyright © 2005 by Nara Publishing Co.

이 책의 한국어판 저작권은 InterNET Services Corporation, USA와의 계약에 의해 나라출판사에 있습니다.
한국 내에서 보호를 받는 저작물이므로 무단 전재와 무단 복제를 금합니다.

DEXTER YAGER

성공을 부르는 30가지 습관

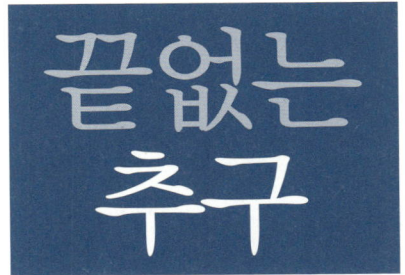

덱스터 예거, 존 메이슨, 스티브 예거 / 공저 강민정 / 옮김

도서출판 나라

추천사

•• 덱스터 예거는 날카로우면서도 사려깊고 독특하면서도 강력한 이 책을 통해 성공과 실패가 얼마나 밀접한 관계가 있는지를 직접 느낄 수 있도록 해준다. 또한 그는 실패를 발판으로 하여 성공으로 도약하는 방법을 알려주고 있다. 인생을 통해 진정한 자유를 얻고 싶다면, 이 책을 읽고 또 읽어라. 그리고 나가서 행하라.

  – 제이미 클락, 에베레스트 정복자이자 『열정의 힘(The Power Of Passion)』의 저자

•• 이 책은 단순하면서도 심오하고 일반상식에 호소하면서도 일반적이지 않은 실천을 강조한다. 특히 이 책은 여러분 내면에 더 나은 삶에 대한 갈증을 불러일으킬 것이다. 덱스터는 그 자체가 메시지이며 꿈을 멈추지 않고 계속 추구하는 것이 가능하고 필요하다는 것을 보여주는 산증인이다. 덱스터와 동시대를 살고 있다는 것이 자랑스럽다.

  – 레스 브라운, 『꿈을 실현하라(Live Your Dreams)』, 『나의 승리 전에 끝이란 없다(It's Not Over Until I Win)』의 저자

•• 덱스터와 함께 있으면 너무 즐겁다. 그의 성공철학과 나의 성공철학이 너무 닮아 있기 때문이다. 나는 소아신경외과 의사고, 그는 사업가지만 성공을 일구는 마인드는 같다. 이 책이 자기 삶의 주인공이 되어 환경을 개선해보려는 사람들에게 얼마나 도움이 될까를 생각하면 흥분을 금할 수 없다.

- 벤자민 S. 카슨, 『하나님이 주신 손(Gifted Hands)』의 저자이자 존스홉킨스의료원 신경학, 성형외과, 소아과 교수

•• 덱스터는 상식적인 논리를 가지고 일상생활에서 승자와 패자를 가려낼 수 있는 독특한 능력을 가졌다. 이 책은 꿈을 꾸고 승리하고 인생의 승자가 되는 내용을 다루고 있다. 지금까지 내가 읽은 최고의 책 중 하나다.

- 제리 팰웰 박사, 버지니아 리버티대학의 창립자이자 학장

•• 덱스터는 성공하는 법에 대한 식견있는 통찰력으로 수많은 사람들에게 용기를 불어넣어준 탁월한 스승이다. 꿈이 있고 목표가 있는 사람이라면, 지혜의 보고가 담긴 이 책을 반드시 읽어보아야 할 것이다!

- 알렉스 스패노스, 기업가, 샌디에고차저스(San Diego Chargers)구단주, 『부 공유하기(Sharing The Wealth)』의 저자

•• 현명한 사람이 입을 열면 현명한 사람은 듣는다. 덱스터 예거는 챔피언의 삶을 묘사하고 있다. 난 그의 책을 읽으면서 그의 끈기를 샅샅이 살펴보고 그의 지침을 따랐다. 그의 태도는 그가 위대한

인물임을 보여준다. 적과 고통, 문제, 성공에 대한 그의 단호한 태도를 보면 그가 어떻게 멘토관계를 통해 수백만의 사람들을 변화시키고 잠재력을 발휘하도록 도왔는지 쉽게 이해할 수 있다. 덱스터의 이 책은 다른 어떤 책도 따라올 수 없는 금광이다.

    - 마이크 머독 박사, 『솔로몬 지혜서(Wisdom Commentary Collection)』의 저자, 목사

•• 덱스터 예거는 평생을 남을 돕는데 헌신했다. 그의 꿈은 사람들이 자신의 꿈을 성취할 수 있도록 동기를 부여하는 것이었고 그는 그 꿈을 향해 열심히 달렸다.

    - 수 미릭, 미 하원의원

•• 자영업의 자유와 기쁨을 잘 표현한 놀라운 책. 덧붙여 저자는 사업을 지속시키는 비밀도 알려준다.

    - 게리 스몰리 박사. 베스트셀러 작가이자 가족관계 전문 강연자

•• 덱스터 예거는 위대한 멘토이자 영웅이다. 그가 여러분을 도와주고 동기부여를 해주고 신이 나서 꿈을 추구할 수 있도록 영감을 불어넣어줄 것이다.

    - 데이브 토마스, 웬디스의 창업자

•• 여러분이 얼마나 특별하고 축복을 받았는지를 아직 모르겠다면 이 책에 담긴 보물과 같은 지식과 지혜를 읽어보기 바란다. 이 책은 말 그대로 꿈을 실현하는 여정이자 꿈에 닿기 위한 여정이다.

- 찰스 스탠리 박사, 퍼스트 뱁티스트 교회(First Baptist Church)목사. 인터치 미니스트리(In Touch Ministries) 회장

•• 미국 이민자로서 난 덱스터 예거처럼 자영업의 핵심을 잘 표현한 사람을 본 적이 없다. 그는 유연한 스타일과 현실적이고 상식적인 접근방식으로 많은 사람들을 생각지도 못했던 자리로 끌어올렸다. 그의 조언과 통찰력은 여러분이 꿈의 여정을 추구할 때 내면에 숨겨진 성공을 이루도록 해줄 것이다.
- 크리쉬 다남. 지그 지글러 코퍼레이션(Zig Ziglar Corporation)의 부사장. 『인도인이 말하는 아메리칸 드림(The American Dream From An Indian Heart)』의 저자

•• 이 책은 우리의 내면에 위대한 꿈이 있고 그 꿈은 우리가 결단하고 추구할 때만 결실을 맺는다는 것과, 우리 내면에는 태어나길 기다리는 기적처럼 신념이 들어있다는 것을 증명해준다.
- 마바 콜린즈, 사랑과 강한 훈육, 도덕적 가치, 자신감으로 낙오된 아이들을 가르쳐 학자로 키운 교육기법의 창시자.

•• 덱스터 예거는 꿈을 주는 최고의 메신저다. 그의 강한 메시지가 담긴 이 책은 꿈과 성공을 향한 여정에 대한 지혜를 주고 있다. 하루에 한 장(章)씩 읽으면 꿈을 추구하는데 큰 힘이 될 것이다.
- 브루스 윌킨슨 박사, 『야베스의 기도(The Prayer of Jabez)』, 『꿈을 주시는 분(The Dream Giver)』의 저자.

•• 덱스터는 자유를 자영업이라는 개념 속에서 설명하고 있다. 이 놀라운 책을 통해 한 달 동안 매일 지혜를 깊이 마셔라. 그리고 평범한 여러분의 삶을 놀라운 삶으로 변모시켜라.

- 마크 빅터 핸슨,『영혼을 위한 닭고기 스프(Chicken Soup For The Soul)』,
『1분이 만드는 백만장자(The One Minute Millionaire)』의 공동저자

•• 덱스터는 책을 통해 역사상 그 어떤 사람보다 많은 사람들에게 영향을 미쳤다. 이 책에서 여러분은 그의 목적과 그가 목적을 달성할 수 있도록 원동력이 되어준 열정을 느낄 수 있을 것이다.

- 찰스 T. 존스,『삶은 위대하다(Life Is Tremendous)』의 저자

•• 덱스터 예거가 책을 쓰면 항상 관심을 갖는 게 좋다. 그는 오랜 경험과 놀라운 성공을 바탕으로 책을 쓰기 때문이다. 이 책의 내용은 지혜 중의 지혜로 수많은 사람들에게 영향을 줄 것이다.

- 팻 윌리암스, 올란도매직의 수석부사장이자『누가 챔피언이 되려 하는가?(Who Wants To Be A Champion?)』의 저자

•• 12년간의 NFL 생활 동안 덱스터 예거만큼 나에게 많은 영향을 미친 사람은 없었다. 선수생활 초기에 나는 모든 프로선수들이 연습하고 경기하는 법은 알지만 생각할 줄 아는 선수는 거의 없다는 것을 깨달았다. 상대에 대한 경쟁력은 체력이 아니라 어디에 어떻게 초점을 맞춰야 하는지를 아는데 있다. 더 중요한 것은 그 초점이 '왜' 중요한가를 아는데 있다. 이 책은 성공의 보편적인 법칙을 보여준다. 평범함을 넘어 위대함을 꿈꾸는 사람들이 반드시 읽어야 할

필독서다!

- 트레버 마티치, 전직 NFL 선수, NFL과 대학풋볼게임 분석가이자 자영업자

•• 이 책에서 덱스터 예거는 성공과 자유의 핵심 재료를 분석하여 설명하고 있다. 그에게는 모든 사람이 알아야 할 핵심 원칙을 모든 사람들이 이해하고 적용할 수 있는 평범한 언어로 설명하는 탁월한 재능이 있다.

- 밥 맥윈, 전 미 하원의원

헌사

현재 가치있는 꿈을 추구하는 모든 사람에게 이 책을 바칩니다. 성공은 목적지가 아니라 과정입니다. 그리고 진정한 보상 역시 그 과정에 있습니다. 헨리 포드는 "나는 한 순간도 사업에서 멀어진 적이 없다. 낮에는 사업 생각만 하고 밤에는 사업에 대한 꿈을 꾼다"라고 말했습니다. 이 말에 전적으로 동의합니다.

성공과 사랑에 빠지기는 쉽습니다. 그러나 진정한 성공자라면 성공하는데 필요한 일과 사랑에 빠져야 합니다. 성공은 습관입니다. 성공을 향해 습관처럼 매일 조금씩 그리고 한 번에 한 걸음씩 나아가야 합니다.

이제 막 출발했든, 수년을 투자했든 이것 하나만은 꼭 기억하십시오. 여러분은 이미 필요한 모든 것을 가졌습니다!

그 사실을 인식하고 실천하십시오. 여러분이 현재 보고 있는 미래의 꿈은 반드시 이루어질 것입니다. 그것을 믿으십시오.

- 이 책의 모든 수익금은 예거자유 재단(Yager Freedom Foundation)에 기탁됩니다.

Contents

추천사/4 헌사/10 머리말/14

Chapter
1. 우리를 통제하는 제1요소 20
2. 자유, 이보다 더 좋을 순 없다 26
3. 자영업은 전 세계의 희망이다 34
4. 자신의 모습을 찾아라 42
5. 과거는 과거일 뿐! 52
6. 꿈을 실현하려면 먼저 꿈이 있어야 한다 58
7. 패자의 자리를 박차고 나오면 승자가 된다 66
8. 성공자는 생각이 다르다 74
9. 빈 수레가 요란하다 84
10. 죽은 지식이 아니라 산 경험에 집중하라 96
11. 멘토와 제자 106
12. 중요한 것 중에서도 가장 중요한 것 114
13. 하라! 성공의 90퍼센트는 시작에 달려있다 120
14. 끈기의 에너지를 발산하라 126
15. 현실은 중요하지 않다 136

Chapter

16 중단하면 지는 것이다 142

17 불굴의 의지로 계속 나아가라 148

18 승리를 얻은 후, 중단하지 마라 154

19 가족을 사랑하라 164

20 성공은 꿈을 좇는 것이다 172

21 성공은 결정이다 178

22 성공은 어려운 일이다 184

23 성공은 실패의 역사다 192

24 성공은 최고를 추구하는 것이다 202

25 성공은 습관이다 208

26 성공은 인간 관계다 214

27 성공은 시스템이다 226

28 성공은 봉사다 234

29 성공은 항상 헝그리 정신을 갖는 것이다 244

30 성공에는 변명이 없다! 250

PURSUIT

머리말

인생에서 가장 중요한 것은 무엇일까요? 그것은 바로 추구할만한 가치가 있는 꿈을 찾는 것입니다. 그리고 그 꿈을 이룬 다음에는 더 큰 꿈을 찾아야 합니다. 이러한 노력은 여러분의 마음을 사로잡고 힘을 실어주며 집중하게 하여 모든 것을 바꿔놓습니다.

우리가 흔히 알고 있는 성공의 열쇠는 바로 꿈, 신념, 목표입니다. 하지만 이것만으로는 부족합니다. 여기에 더해 꿈과 신념, 목표를 실현할 수 있는 인내력이 필요합니다. 즉, 끝까지 추구하는 끈기가 있어야 하는 것입니다. 그렇게 꿈을 좇는 과정에서 여러분은 스스로 행복을 느낄 뿐 아니라, 행복이 꿈을 따라온다는 것을 알게 됩니다.

매리엇그룹에서 애플컴퓨터까지 전 세계의 저명한 비즈니스 리더 62명을 조사해 보았더니, 그들은 결코 일중독자가 아니었습니다. 그들은 일에 얽매인 것이 아니라 오히려 일을 사랑했습니다.

그들은 진심으로 자신의 일을 미치도록 사랑했던 것입니다. 올바른 '추구'는 기쁨과 성공을 가져오는 법입니다.

찰스 가필드 박사는 "정상에 오른 성공자는 반드시 이루어야 할 사명에 목숨을 건 사람들이다. 이들은 누가 봐도 일에 푹 빠져있다는 것을 알 수 있다. 바로 그러한 사명에서 그들의 노력과 에너지, 열정이 솟아난다"고 했습니다.

자신이 가장 하고 싶어하는 일을 향해 매진하기까지는 여러분은 진정한 자유인이 아닙니다. 마틴 루터 킹 목사는 "목숨을 걸만한 일을 발견하지 못한 사람은 살 자격이 없다"고 했습니다.

성공은 언제나 불가능해 보이는 꿈에서부터 시작하지만, 그 꿈을 추구하고 그것을 위해 노력하다 보면 불가능해보이던 꿈이 차츰 현실이 됩니다. 가치있는 일은 결코 하루아침에 이루어지지 않습니다. 성공으로 가는 길은 오르막길입니다. 오랜 시간이 걸릴지도 모릅니다. 서둘러 기록을 깰 생각은 마십시오.

그래도 일단 꿈에 시동을 걸었다면 꾸준히 나아가야 합니다. 중간에 멈춰서면 안 됩니다. 꿈을 향한 경주에서 가장 어려운 것은 출발입니다. 물론 그 일은 처음 한 번만 하면 됩니다.

아프리카에서는 아침 일찍 가젤이 눈을 뜹니다. 가젤은 가장 빠른 사자보다 더 빨리 달아나야 잡아먹히지 않는다는 것을 압니다. 또한 사자도 매일 아침 눈을 뜹니다. 사자는 가장 느린 가젤보다 빨리 달려야 굶어죽지 않는다는 것을 압니다. 여러분이 가젤이든 사자이든 상관없습니다. 태양이 떠오르면 무조건 달리십시오. 세상은 꿈을 좇는 사람에게 길을 열어줍니다. 끈기 있는 사람에게는 항상 시간과 기회가 있습니다. 기회가 문을 두드리고 있는데 뒷마당에서 네잎클로버나 찾는 실수는 하지 마십시오.

"사명을 깨달으면 사명의 부름을 듣게 될 것이다. 그러면 마음은 열정과 타는 듯한 열망으로 가득차게 된다." - W. 클레멘트 스톤

여러분의 마음속에는 포효하는 사자가 한 마리 잠들어 있습니다. 그 사자는 하늘이 주신 사명을 향해 달려나갈 준비가 되어 있습니다. 그 사자를 깨우십시오.

성공자는 역동적인 사명에 동기부여를 받은 사람입니다. 앨버트 허버트는 "우유를 원하는 사람은 허허벌판에 놓인 의자에 앉아 소가 돌아오기를 기다려서는 안 된다"고 했습니다. 만약 여러분이 멈추는 것이 아니라 달리기를 선택했다면 인생이 바뀌게 됩니다.

일단 달리기로 결정했으면 현실은 중요하지 않습니다. 과거도, 확률도 중요하지 않습니다. 꿈을 향해 한 번도 가지 않은 길로 과감히 달려가십시오. 리더나 부모나 배우자에게 있어 인생의 목표를 향해 달려가는 사람을 보는 것만큼 즐거운 일은 없습니다. 지금이 바로 관람석에서 뛰쳐나와 경기장으로 달려갈 때입니다!

사람의 미래는 습관이 결정한다고 합니다. 성공습관을 익히십시오. 그 방법은 아주 간단합니다.

이 책에는 모두 30개의 성공습관이 나옵니다. 그것은 한 달을 투자할 만한 입증된 성공원칙입니다. 하루에 10~15분을 투자하여 하나의 장(章)을 읽으십시오. 하루에 한 장(章)씩 익혀나가면 이 책을

덮은 후에도 오래도록 남을 귀중한 성공습관을 익히게 될 겁니다.

  이 책은 비록 짧고 간단한 이야기지만, 강력한 메시지를 담고 있습니다. 읽으면 읽을수록 더 많은 지혜를 터득하여 여러분의 삶에 적용할 수 있을 것입니다. 가장 인상에 남는 구절에는 밑줄을 치십시오. 그런 다음 이 책을 다 읽고 나서 다시 밑줄 친 부분만 읽어보십시오.

  이 책을 덮은 후에는 미루지 말고 터득한 지혜를 즉시 적용해 보십시오. 그러면 내용을 이해하고 기억하기가 보다 쉬워질 것입니다. 삶에 적용한 지식은 이미 이루어진 결과와 같습니다.

  이 책이 꿈을 향한 여러분의 여정에 도움이 되기를 바랍니다.

/ PURSUIT /
Success is hidden in the journey.

Success is Hidden

1장 / 우리를 **통제하는** 제1요소

In the Journey.

1

**앞을 보지 못하는 것이 슬픈 것이 아니라
비전이 없는 것이 슬픈 것이다.** - 헬렌 켈러

우리에게는 성공할 잠재력이 내재되어 있고 또한 기회도 있습니다. 무기력하게 근근이 살아가는데 드는 힘만큼만 노력을 해도 보다 나은 삶을 살 수 있고, 옳지 않은 일을 하는 것이 옳은 일을 하는 것보다 더 힘듭니다. 그럼에도 불구하고 수많은 사람들이 목표도 없이 자신이 만든 감옥에 갇혀 그럭저럭 살아가고 있습니다. 단지 '무엇을 하며 살아갈 것인가'를 결정하지 않았다는 이유만으로 말입니다.

물질이 없어서가 아니라, 비전이 없어서 불행하다

잠언에 "비전이 없으면 사람은 멸망하고 말 것이다"라는 말이 있습니다. 우리는 물질이 없어서 불행한 것이 아니라 비전이 없어서 불행한 겁니다.

진정한 리더는 미래의 모습으로 조직을 바라보아야 합니다. 현재 모습이 아니라 앞으로 어떻게 될 수 있는가를 보아야 하는 것입니다. 여러분이 과거나 현재보다 미래를 위해 더 많은 시간을 투자하지 않고 있다면, 앞으로도 지금처럼 살아갈 가능성이 큽니다.

▷ "잘못된 결정을 운명이라 착각하는 사람들이 많다." - 킨 허버드

인생의 가장 무거운 짐은 지고 갈 짐이 없는 것입니다. 사람의 영향력은 그 사람이 사는 목적과 그것을 위해 어떤 값을 치를 준비가 되어 있느냐로 결정됩니다. 결국 삶을 어떻게 바라보고 대응해 나가느냐 하는 것이 미래를 결정합니다.

지금 우리에게 그 어느 때보다 절실하게 필요한 것은 바로 더 큰 꿈과 비전입니다. 비전이 우리의 미래를 결정합니다. 비전을 볼 수 없는 사람은 비전을 이룰 수도 없습니다. 그러나 일단 비전을 보기 시작하면, 그것을 더욱 간절히 원하게 되고 비전의 다음 단계까지 보이게 됩니다. 물론 거기까지 도달하려면 원동력이 필요합니다.

꿈을 제대로 보게 되면, 불가능은 가능이 됩니다. 나의 모든 성공은 꿈을 제대로 보았을 때 이루어지기 시작했습니다. 아내와 나에게는 어디까지 가겠다고 하는 비전이 있었습니다. 우리는 책을 많이 읽었고 그 속에서 우리만의 멘토를 찾았습니다. 모델로 삼을 만한 사람이 없었기 때문입니다. 우리 곁에는 상담을 해주는 사람도 도와주는 사람도 우리가 꿈꾸는 성공을 거둔 사람도 없었습니다. 그래서 우리는 계획을 세우고 스스로 의지력을 불태워야만 했습니다.

많은 사람들이 최선을 바라지 않습니다. 그저 최악만 피하면 다행이라 생각합니다. 그렇기 때문에 기회가 다가와 문을 두드리는

소리를 듣고도 망설이다가 그것을 놓치고 맙니다. 이들은 보통 말만 앞세울 뿐, 신념이 부족합니다. 그래서 목적지도 없고 늘 제자리 걸음만 하고 있습니다.

꿈이 없다면 바라지도 마라

비전은 × 표시가 있는 보물지도와 같습니다.

비전은 승리로 가는 길을 제시해 모든 사람들이 같은 방향으로 나아갈 수 있도록 해줍니다. 여러분도 성공에 × 표시를 하십시오. 어디로 갈지 결정하십시오.

케네디가가 처음부터 명문가였겠습니까? 처음으로 집안을 일으킨 선구자가 분명 있었을 겁니다. 록펠러가 역시 록펠러라는 이름을 각인시킨 선구자가 있었습니다. 여러분 집안에서도 처음으로 거부(巨富)가 나오지 말란 법은 없지 않습니까? 그게 여러분이면 어떨까요? 가족을 위해 그리고 다음 세대를 위해 부자가 되는 것은 어떻습니까? 비전이 있다면 충분히 할 수 있습니다!

비전은 여러분이 할 수 있는 것 이상으로 커야 합니다. 여러분에게 비전을 맞추지 말고, 여러분이 비전에 맞춰나가십시오. 위대한 꿈에 익숙해지는 법을 배워야 합니다. 할 수 있는 것 이상에 도전하십시오. "그런 식으로 한 사람이 없어"라는 말에 귀를 기울이지 마십시오. "너무 과분한 걸 바라는 거야"라는 말에도 신경쓰지 마십시오. 다른 사람들의 '안 된다'는 말을 무시하십시오.

인생에서 첫 번째로 중요한 것은 과감한 비전이고, 두 번째와 세 번째로 중요한 것 역시 과감한 비전입니다. 꿈이 없다면 바라지도 마십시오. 여러분에게 정말로 필요한 것은 아이디어입니다. 남이 가지 않은 길을 갈 용기를 내십시오.

▷ "꿈을 꾸는데 돈이 드는 것도 아니다. 상상력을 펼칠 때, 결코 자신을 과소평가하지 마라." - 로버트 쉴러

번뜩이는 아이디어 하나가 백만 달러의 가치를 지녔을지도 모릅니다. 사물을 있는 그대로 보지 말고 가능성과 더불어 어떻게 하면 다른 방식으로 볼 수 있을까를 연구하십시오. 비전은 모든 것에 가치를 더해줍니다.

'내 인생에 이런 일이 있었으면 좋겠다'는 꿈을 구체적으로 상상해보십시오. 여러분의 그 느낌이 비전이 될 수도 있습니다. 그 아이디어, 그림 혹은 느낌이 손에 잡힐 때까지 집중하십시오. 여러분이 원하는 미래를 그려보는 것은 그 미래를 미리 창조하는 것과 같습니다.

망망대해로 나설 용기를 내지 않으면 새로운 바다를 발견할 수 없다. - 앙드레 지드

미래를 예견하는 최선의 방법은 미래를 창조하는 것이다. - 스티븐 코비

/ PURSUiT /
Success is hidden in the journey.

2

Success is
Hidden

2장 / **자유**, 이보다 더 좋을 순 없다

In the
Journey.

chapter 2

경제적 자유 없이는 그 어떤 나라에서도
보장된 자유를 100퍼센트 누릴 수 없다. - 덱스터 예거

나는 학교에서 일등을 해본 적도 없고, 대학도 못 나왔습니다. 왜 그런 줄 아십니까? 그것은 내가 대학에 가기 전에 어디를 향해 가고 있는지 알고 있었기 때문입니다. 그래서 대학을 안 갔습니다. 내가 하고 싶었던 일은 내 사업이었습니다. 나는 실무를 익히고 싶었지, 사업에 대한 경험이 전혀 없는 이론가들로부터 비즈니스를 배우고 싶진 않았습니다. 그래서 어릴 때부터 이론 대신 직접 사업을 하는 사람 밑에서 일을 하며 몸으로 사업을 배웠습니다. 만약 여러분이 믿고 의지하는 것이 '학위'라는 종이 한 장뿐이라면, 여러분은 다시 배워야 합니다.

존 포스터는 "나중에 뭐가 될 겁니까? 무슨 일을 할 겁니까? 라는 간단한 질문에 자신있게 대답하지 못한다면 참으로 부끄러운 일이다"라고 했습니다. 또한 찰스 가필드 박사는 "정상에 오른 성공자는 반드시 이루어야 할 사명에 목숨을 건 사람들이다. 이들은 누가 봐도 일에 푹 빠져있다는 것을 알 수 있다. 바로 그러한 사명에서 그

들의 노력과 에너지, 열정이 솟아난다"고 했습니다.

자신이 가장 하고 싶어하는 일을 향해 매진하기까지는 여러분은 진정한 자유인이 아닙니다.

직장은 진정한 대안이 아니다

이 시대의 진정한 대안은 '직장'이 아닙니다. 직장은 우리의 미래를 지켜주지 않습니다. 그러므로 자기 사업을 할 수 있다면 사업을 하십시오. 최고 명문대 1년 학비도 안 되는 돈이면 여러분은 여러 개의 사업을 시작할 수 있습니다.

나 역시 한 때는 직장생활을 했습니다. 직장인의 하루는 뻔합니다. 아침 일찍 일어나 직장에 나가 일하고 점심 먹고 다시 일하고 집에 오고… 그야말로 다람쥐쳇바퀴 도는 생활이 반복되는 것이죠. 주말이 되어도 곤죽이 되어버린 몸을 추스르기 바쁘고, 간신히 휴가라도 얻어야 여행계획이라도 세워봅니다. 이게 멋진 인생입니까? 그냥 정해진 길만 왔다갔다하는 판에 박힌 삶이죠.

꿈이 없다면 여러분은 이미 죽은 것이나 다름없습니다. 비전도 없이 정해진 길만 계속 따라가다 보면 어느새 막다른 골목에 다다르게 됩니다.

나에게는 좋은 직업이 있습니다. 여러분이 가질 수 있는 좋은 직업은 자기 회사를 가지고 자기 자신을 위해 일하는 것뿐입니다. 어떤 사람들은 좋은 직장에 다닌다고 떠벌리기도 합니다. 좋은 직장이라는 게 대체 뭡니까? 좋은 직장인데 왜 어느 날 갑자기 해고를 당하죠?

나는 어느 날 갑자기 가족들 앞에서 "나 해고됐어"라고 말하기 싫었습니다. 그동안 문을 닫는 회사도 많이 보았고, 못 볼 꼴도 많이 보았습니다. 그러면서 자기 사업을 하는 것만이 그런 굴레에서 벗어날 수 있는 유일한 길임을 알았죠. 자유를 얻을 수 있는데, 한 번 도전할 만한 가치가 있지 않습니까? 남 밑에서 늘 마음 졸이며 '어떻게 돌아가는 거지?' 라고 안달하는 것보다 내 사업을 하면서 '어떻게 돌아가는 거지?' 라고 고민하는 편이 낫습니다.

좋은 직장이 있으면 결국 부자가 될 것이라는 생각은 착각에 지나지 않습니다. 한 번은 콜럼버스에 사는 젊은 전화교환원에게 "부자가 되는데 있어서 가장 중요한 것이 무엇이라고 생각하는가?"라고 물어본 적이 있습니다. 그랬더니 "좋은 직장, 훌륭한 직장에 다니는 거요"라고 대답하더군요.

특히 임금이 평균 이하인 사람들 중에서 이렇게 대답하는 사람들이 많다는 사실에 나는 많이 놀랐습니다. 백만장자들은 이런 대답을 하지 않습니다.

사람들은 보통 좋은 직장을 구해 열심히 일하고 승진을 해서 더 큰 책임을 맡게 되면 부와 행복이 보장되는 멋진 은퇴를 할 수 있을 거라 생각합니다. 그러나 현실은 그렇지 않습니다. 대부분의 경우, 직장은 먹고살 의식주나 해결해줄 뿐, 부를 가져다주는 경우는 드뭅니다. 더욱이 자유는 결코 주지 않습니다.

자유를 원한다면 큰 꿈을 꾸십시오. 자기 자신을 믿으십시오.

자유를 꿈꿔라

내가 세운 첫 번째 목표는 아내가 밖에 나가 일하지 않아도 되도록 하겠다는 것이었습니다. 두 번째 목표는 절대로 남 밑에서 일하거나 직장생활을 하지 않겠다는 것이었습니다. 세 번째 목표는 친구들이 멋진 삶을 살 수 있도록 돕겠다는 것이었습니다.

40년 전, 내가 사업에 뛰어들었을 때 아내와 나는 꿈을 하나 정했습니다. 그것은 '지금 버는 돈의 두 배 반을 벌고 자유를 얻겠다'는 것이었습니다. 결코 큰 차나 호화로운 집, 수영장, 휴가 같은 것만을 바란 것이 아닙니다. 진정한 자유를 꿈꾼 겁니다. 누군가에게 끌려가는 삶이 아니라, 내 인생의 주인이 되고 싶었기 때문입니다. 나는 누가 이래라 저래라 하는 것이 싫었습니다. 언제 얼마만큼 일할지 스스로 정할 수 있는 자유를 갖고 싶었습니다. 한 번밖에 살 수 없는 인생인데 남의 인생, 남의 성공, 남의 계획을 위해 살 수는 없지 않습니까!

'남들이 어떻게 생각할까?' 라는 생각은 접어두십시오. 남들이 여러분 인생의 주인입니까? 남들이 생활비를 대줍니까? 남들이 여러분 대신 결정을 해줍니까? 만약 그렇다면 여러분은 여러분 삶의 주인이 아닙니다. 나는 내 삶의 주인이 되고 싶었습니다. 주변사람들이 이렇게 저렇게 결정하고 또한 이런저런 입방아를 찧는 것에 휘둘릴 것이 아니라, 내가 결정하고 싶었습니다. 결정을 남이 해준다면 자유인이라 할 수 없겠죠.

지금 아내와 나는 멋진 삶을 살고 있습니다. 자유를 누리고 있습니다. 돈도 많이 법니다. 얼마나 버느냐고요? 솔직히 얼마인지 잘 모르겠습니다. 얼마나 버는지 안다면 그것은 많이 버는 게 아니죠.

자유는 공짜가 아닙니다. 치러야 할 대가가 있습니다. 여러분은 진정한 자유를 누리기 위해 무엇을 할 준비가 되어 있습니까? 사실, 나는 장거리여행을 가는 것이 싫었습니다. 가족들과 떨어져 낯선

침대에서 잠드는 것이 싫었습니다. 그렇지만 돈을 많이 버는 사람들은 장거리여행을 자주 간다는 건 알았죠. 그런 식으로 자신의 영역을 넓히는 겁니다. 돌아보면 인생의 칼자루를 쥐게 된 대가치곤 아주 작았다는 생각이 듭니다.

자유의 가치

한 번은 노먼 빈센트 필의 강연을 듣게 되었습니다. 그가 쓴 책은 많이 보았지만, 그를 직접 만나기는 처음이었습니다. 늦게 갔음에도 불구하고 앞자리가 비어 있기에 선뜻 그 자리에 앉았습니다. 아무도 거기에는 앉지 않더군요. 나는 그 사람 코앞에 앉아 이야기는 물론 그의 열정과 태도까지 보고 싶었습니다. 그리고 한 마디도 놓치지 않기 위해 녹음까지 했습니다.

강연이 끝나자, 옆에 앉았던 사람이 통성명을 한 후 무슨 일을 하느냐고 묻더군요. 마케팅컨설턴트라고 했더니 주소를 가르쳐달라고 하기에 알려주었습니다. 다음 날, 기사가 딸린 리무진을 타고 우리 집을 찾아온 그는 내가 녹음한 테이프를 사고 싶다고 했습니다. 그러더니 한 술 더 떠서 "저를 좀 도와주십시오"라고 하지 않겠습니까? 내가 "무슨 일을 도와달라는 건가요? 전 제 사업에 만족하고 있는데요"라고 하자, 그는 "저희 회사 영업사원들의 교육을 맡아주십시오. 명함에 마케팅컨설턴트라고 되어 있던데, 저희 사원들이 마케팅을 좀더 잘할 수 있게 도와주셨으면 합니다"라고 부탁하더군요.

이야기가 길어질 것 같아, 나는 자리를 권한 다음 설명을 했습니다.

"선생님, 저는 제 사업이 있고 그저 잠재고객에게 '마케팅컨설턴트'라고 제 소개를 하는 것뿐입니다. 학위 같은 것도 없습니다."

"아, 거두절미하고 1년에 6만 달러로 계약을 하면 어떻겠습니까?"
"제 말을 이해하기가 어려우신 모양인데…"
"당신이야말로 이해가 안 되시나 본데, 제가 당신을 쓰겠다는 겁니다. 피츠버그철강 사장이 당신을 원하는 거라고요."
그러더니 그는 열을 내며 회사 얘기를 들려주었습니다.
"저는 당신처럼 배짱있는 사람이 필요합니다."
"저는 제 사업이 있습니다."
"일주일에 하루만 일하고 1년에 6만 달러면 어떻습니까?"
"안 되겠습니다."
"9만 달러?"
"안 됩니다!"
그러는 동안 나는 이런 생각을 했습니다.
'와, 환상적인 조건이다. 하지만 나에게는 꿈이 있으니까 아무리 조건이 좋아도 거절해야 돼. 이 사람은 어떠한 대가를 치르더라도 나를 데려가고 싶은 거야.'

그는 나의 꿈과 헌신을 원했던 것입니다. 그러나 그 자리는 나에게 "아니오, 직장은 필요없습니다. 아무리 돈을 많이 줘도 직장생활은 싫습니다"라는 말을 할 수 있는 경험을 제공했을 뿐입니다. 그러한 경험을 통해 나는 자유가 얼마나 가치가 있는지를 깨닫게 되었습니다.

자유는 세상 모든 사람에게 내려진 신의 선물이다. - 조지 W. 부시

/ PURSUIT /
Success is hidden in the journey.

Success is Hidden In the Journey.

3장 / **자영업**은 전 세계의 희망이다

> 세상에는 자신이 갖고 있는 것이 얼마나 소중한 축복인지 모르는 사람이 너무 많다.
> 세상 누구도 누리지 못한 축복을 갖고도 말이다. - 토마스 제퍼슨

자유영업을 줄인 자영업이란 '사업을 확장할수록 더 많은 자유를 누릴 수 있는 시스템'을 말합니다. 따라서 자유를 한 번 강조한다면 영업은 두 번 강조해야 합니다.

부자의 유형은 두 가지로 나뉩니다. 하나는 자수성가한 사람들로 이들은 보통 보수적입니다. 다른 하나는 상속세대 부자들입니다. 이들은 누군가 대신 대가를 치러준 덕분에 자유를 누리게 되었다는 죄책감으로 사회사업을 활발히 펼치고 있습니다. 어쨌든 부자는 생산을 하는 사람과 생산을 하지 않는 사람으로 나뉩니다.

신이 만든 규칙

레이건 후보가 대통령으로 당선되자 몇몇 사람이 나에게 이런 말을 하더군요.

"덱스터 씨, 레이건 대통령의 당선을 위해 열심히 뛰어주셔서 감사합니다. 대사 자리가 나면 생각해보시겠습니까?"

그것은 대사직을 수행하기 위해 다른 나라로 가야한다는 것을 의미했습니다. 나는 그때 이렇게 말했죠.

"아니, 제가 무슨 잘못을 했다고 이러십니까? 제가 왜 외국으로 나가야 합니까? 그런 보상이라면 받고 싶지 않습니다."

많은 사람들이 자기 덕분에 다른 누군가가 먹고사는 거라고 생각합니다. 그렇지 않습니다. 우리는 자신의 가치를 알고 위대함을 이뤄온 사람들에게 신세를 지고 있습니다. 우리가 그러지 못하는 이유는 우리가 가진 것의 가치를 모르기 때문입니다. 우리는 모두 축복을 받았지만, 남의 탓만 한다면 자신이 어떤 축복을 받았는지 그 가치를 결코 알 수 없습니다.

우리에게는 자영업시스템이 있습니다. 훌륭한 생산방식과 계획을 세우는 방식도 있습니다. 그것이 우리의 삶을 과거보다 좋게 만들어준 것입니다. 그 덕분에 세상이 좀더 나아진 것입니다.

원대한 꿈을 꾸고 시간과 노력을 투자하면 누구나 부자가 될 수 있습니다. 이것은 신이 인간을 위해 만들어준 규칙입니다. 그러므로 자영업시스템을 선택하십시오.

생각과 꿈을 끌어올려라

우리는 자신이 대단한 사람이라는 것을 증명하기 위해 윤리 기준과 성취 기준을 세웁니다. 완전히 평등한 상황을 만들고 인생의 모든 인센티브를 없애버린다면, 우리는 모두 보잘것없는 사람이 될 것입니다. 누구나 그렇게 되는 것입니다. 많은 사람들이 평등을 위해 싸우지만, 완전한 평등은 결코 얻을 수 없습니다. 그것은 신의 규칙이기 때문입니다. 그것은 지금까지 쌓아올린 것을 허물어뜨리는 결과만 가져올 뿐입니다.

평등이라는 이름으로 어떤 사람을 특정한 자리에 앉힌다면, 그것은 또 다른 누군가의 권리나 그 사람이 지금까지 쌓아올린 것을 억지로 빼앗는 것과 같습니다. 나는 가난한 사람에게 주어야 할 것은 기회이지 물질이 아니라고 믿습니다. 가난에 신물이 나서 "더 이상 이렇게 살 수는 없어. 내 사업을 시작할 거야. 아주 큰 사업을 만들 거야. 꼭 성공할 거야"라고 말하는 것은 보통 가난한 아이들입니다. 그래서 그런지 새로운 부자는 빈곤층에서 나오는 경우가 많습니다.

스스로 자영업시스템을 배우십시오. 여러분만의 라이프스타일을 찾으십시오. 여러분은 자기 자신의 꿈을 일궈가야 합니다. 그래서 어느 날 상사가 "자네, 이제 나가줘야겠어"라고 말할 때, "좋습니다. 나도 이런 일 필요없어요"라고 말할 수 있어야 합니다.

아무런 대가도 없이 얻게 하면 그 사람을 바보로 만드는 겁니다. 부자의 것을 빼앗아 가난한 사람에게 주는 것은 가난한 사람들을 더욱 가난하게 만드는 겁니다. 부자가 되어야 할 이유를 뺏는 셈이기 때문입니다. 생계를 지원해줄수록 일해야 할 이유는 사라집니다. 그것이 정부든 부모든 친척이든 친구든 마찬가집니다.

자영업시스템의 핵심은 모든 사람이 자신의 한계까지 성장하도록 하는데 있습니다. 그러기 전에 먼저 사람들의 생각과 꿈을 끌어올려야 합니다. 그 나머지는 자기 자신의 몫입니다.

더 많이 벌수록 더 많은 자유를 누릴 수 있다

지금은 역사상 그 어느 때보다 자영업시스템에 대한 의지를 새롭게 해야 할 때입니다. 어떤 꿈을 꾸느냐에 따라 그 결과는 하늘과 땅 차이로 벌어집니다. 대학을 못 나왔어도, 남보다 뛰어난 재능이 없어도 부자가 될 수 있습니다. 채 100달러도 못 되는 돈으로 사업을 시작해서 돈도 벌고 학교도 다닐 수 있습니다.

언젠가 리치 디보스에게 어떤 어린아이의 이야기를 들은 적이 있습니다.

아이가 두 살이 되고 세 살이 되고 다섯 살이 되어도 '엄마', '아빠'라는 말을 못 하더랍니다. 부모는 걱정이 되어 애가 탔죠. 그런데 아이가 여섯 살이 되던 어느 날 엄마가 아침을 차려주자, 핫초코를 한 모금 마신 아이가 "으… 맛이 뭐 이래"라고 하는 게 아닙니까! 부모는 너무 놀라 입이 떡 벌어졌지요. 엄마가 "세상에! 처음으로 한 말이 문장이라니. 그렇게 말을 잘할 수 있는데, 왜 그토록 오랫동안 입을 다물고 있었니?"라고 묻자, 아이는 "지금까지는 다 괜찮았으니까요"라고 하더랍니다.

다른 사람에게 문제해결을 가르치는 가장 좋은 방법이 무엇인지 아십니까? 바로 여러분의 문제를 해결하는 겁니다. 경험이 쌓일수록 다른 사람들이 문제를 해결하도록 도움을 주기가 더 쉬워집니다. 주머니에서 돈을 꺼내며 "여기 돈이 좀 있네. 이거면 문제가 해결될 거야"라는 말은 결코 답이 될 수 없습니다. 그게 아니라 이렇게 말해야 합니다.

"난 돈을 벌어 내 문제를 해결했네. 어떻게 하면 돈을 벌어 자네 문제를 해결할 수 있는지 가르쳐주지."

내가 할 일은 여러분에게 지식을 전달하는 것입니다. 여러분이 스스로 생각하고 결정할 수 있도록 말입니다. 솔직히 말해 나는 가난과 부를 모두 경험해보았습니다. 가난한 것보다 부자인 것이 수 백 배는 더 좋더군요. 모든 사람에게 부자가 될 기회가 있었으면 좋겠습니다.

여러분이 부자가 되면 쇼핑을 대신 해줄 사람이 필요하겠지요. 그뿐 아니라 다른 것을 대신 해줄 사람도 필요합니다. 성공할수록 전에 혼자 했던 일을 대신 해줄 사람이 더 많이 필요하게 됩니다. 그러면서 자신은 물론 주변사람까지 성공에 좀더 가까이 다가가도록 기회를 줍니다. 부자들은 보다 많은 사람들과 함께 일할 기회를 만들어내는 것입니다.

더 많은 돈을 벌수록 더 잘 살 수 있고, 아이들은 더 좋은 생활방식에 익숙해집니다. 그러면 아이들은 더 열심히 일하고 싶어질 것이고, 부모보다 나은 미래를 만들기 위해 더욱 노력하게 됩니다. 그 모든 희망의 출발은 자영업시스템입니다.

> 자영업은 하늘에서 떨어진 선물이 아니다. 우리는 이를 유지하기 위해 노력해야 한다. 위험이 전혀 없는 정치·경제시스템이란 선택권이 없는 시스템뿐이다. 이 사실을 잊는다면 모든 것을 잃게 된다. - 리치 디보스

경제적으로 파산하는 것은 일시적인 상태이지만,
가난은 정신 상태의 문제이다.
Being broke is a temporary condition;
poverty is a state of mind.

- 「덱스터의 사업 비결」中 -

/ PURSUIT /
Success is hidden in the journey.

Success is Hidden In the Journey.

4

4장 / 자신의 **모습**을 찾아라

chapter 4

그 무엇보다 너 자신에게 진실하라.
– 윌리엄 셰익스피어

언젠가 운전을 하다가 자동차 범퍼에 붙은 스티커를 보고 경적을 울려 운전자에게 엄지손가락을 치켜 올려준 적이 있습니다. 스티커에는 이렇게 써 있더군요.

"내가 아닌 모습으로 사랑받기보다 있는 그대로의 모습으로 미움을 받겠다."

여러분은 자신이 진정 누구인지 알아야 합니다. 자기 자신을 알면 다른 사람들에게 자신을 증명하려 애쓸 필요가 없습니다.

한 번은 공항을 지나는데, 아이들 몇 명이 어떤 사람에게 마구 주먹질을 해댔습니다. 물론 장난이었지만 주먹맛이 제법 매서워보였습니다. 아마도 아이들은 '이 사람을 한 번 때려눕혀 보았으면' 하는 생각을 했을 겁니다. 그때, 아이들의 장난을 받아준 사람은 바로 무하마드 알리였습니다. 그는 아이들을 때려눕힘으로써 자신의 존재를 증명하려고 하지 않았습니다. 오히려 밝은 표정으로 아이들의 장난을 받아주었죠. 그는 자신이 누구인지 알았습니다.

재미있는 얘기 하나 들려줄까요?

어느 중년여성이 심장발작을 일으켜 병원으로 실려갔습니다. 수술대에 누워 하늘나라의 문턱에 이른 그녀는 저승사자를 보고 이제 때가 됐는지 물었습니다.

"아니, 아직 43년 하고도 2개월 8일이 남았다."

병이 낫자, 그녀는 퇴원하지 않고 곧바로 주름살 제거수술, 지방 제거수술, 복부성형 등을 했습니다. 그리고 얼굴까지 여기저기 뜯어고치고 염색을 했습니다. 앞으로 살아야 할 시간이 많이 남았기 때문에 가능한 한 그 시간을 최대로 활용하고 싶었던 것입니다. 그런데 마지막 수술을 끝낸 그녀는 병원에서 걸어나와 횡단보도를 건너다가 그만 전속력으로 달려오던 구급차에 치어 죽고 말았습니다.

그녀는 저승사자 앞에서 따졌습니다.

"아직 43년이나 더 살아야 한다면서요?"

그러자 저승사자는 빙그레 웃으며 말합니다.

"얼굴이 달라져서 넌 줄 몰랐다."

여러분 자신의 모습을 찾으십시오. 여러분 주변에서 매일 불평 불만을 늘어놓는 사람들을 생각해보십시오. 그들은 자기 자신이 아닌 다른 사람이 되려고 하거나 해서는 안 되는 일을 하느라 애를 쓰고 있지 않던가요?

▷ "순응의 대가는 모든 사람들이 당신을 좋아하는 것이다.
　당신 자신만 빼고." – 리타 매 브라운

중요한 사람이 되기로 결심하라

모든 위대한 사람은 어느 날 중요한 사람이 되기로 결심한 평범한 사람이었습니다. 여러분 역시 중요한 사람으로 거듭날 수 있습니다. 지금 당장이라도 결심만 하십시오.

성공의 계단을 오르는데 있어서 가장 어려운 것 중 하나가 바닥을 가득 메운 똑같은 사람들 사이를 헤쳐나오는 것입니다. 재능이 있어도 이용하지 않는 사람들이, 미미한 재능이나마 이용해보려는 사람보다 훨씬 더 많습니다. 여러분은 특별한 사람입니다. 결코 평범한 사람이 되려고 태어난 것이 아닙니다. 여러분 자체가 이 세상에 일어난 특별한 기적입니다. 평범 속에 파묻히지 말고 일어서십시오.

완벽한 사람은 없습니다. 설사 있다고 해도 모두들 나서서 이런저런 비난을 해대는 통에 그것을 알아보지도 못할 겁니다. 그런 사람들은 비난을 하면서 스스로 우월하다고 생각합니다. 그렇게 생각하도록 내버려두십시오. 다만, 그 비난을 마음에 담아두지 마십시오. 비난을 한다는 것은 그 사람이 스스로에게 자신이 없다는 증거입니다. 그것을 마음속에 새겨두십시오. 그리고 앞으로 나아가십시오.

스스로 바꾸려고 하지 않는데 승자가 될 수는 없습니다.

미래의 모습으로 자신을 바라보라

나에게는 아주 나쁜 습관이 하나 있었는데, 그것은 뭔가 잘못을 할 때마다 "덱스터, 이 바보 얼간이야! 왜 그랬니?" 하고 스스로를 책망하는 것이었습니다. 나는 그런 말을 하지 않기 위해 애썼습니다. 여러분도 자신을 바보라고 욕해본 적이 있습니까? 절대 그러지 마십시오. 여러분은 바보가 아닙니다. 자신을 그만 비하하십시오. 어떤 사람도 여러분을 몹쓸 사람으로 부르지 못하게 하십시오.

'위대함'의 가장 큰 적은 '꽤 좋음'이라고 합니다. 우리가 맞서야 할 가장 큰 적은 우리 자신입니다. 여러분 내면에서 '저 사람처럼 돼 봐. 너는 보잘것없어. 저 사람이 하는 걸 해봐'라고 속삭이는 그 소리가 바로 여러분의 적입니다. 다른 사람처럼 되려고 아무리 노력해봤자, 그 사람에 못 미치는 2등이 될 뿐입니다.

어느 세대에게나 후에 모든 산업을 좌지우지할 사람들은 있게 마련입니다. 그들이 노력할 때, 다른 사람들은 모두 이렇게 말하죠.

"글쎄, 너무 늦었어."

너무 늦었다는 때는 없습니다. 세상은 계속 앞을 향해 나아가고 가능성은 무궁무진합니다. 여러분은 조개 속에 숨겨진 진주입니다. 언제 껍질을 깨고 안에 무엇이 있는지 보여줄 생각입니까?

다른 사람들의 생각을 바꾸려면 여러분 자신이 생각하는 '나', 즉 자아관부터 바꿔야 합니다. 위대한 복음주의자 드와이트 L. 무디가 했던 "나 자신만큼 걸림돌이 된 사람을 만나본 적이 없다"는 말을 여러분은 하지 마십시오.

자신을 바라볼 때는 원하는 모습으로 그리고 미래의 변한 모습으로 바라보십시오.

▷ "염세주의자가 될 만큼 세상일에 통달한 사람은 없다." – 노만 커즌스

▷ "문제의 좋은 점 중 하나는 그중 많은 수가 우리의 상상 속에만 존재한다는 것이다." – 스티브 앨런

여러분의 두려움은 여러분 속에만 있고 현실에는 없습니다. 우리의 내면에서는 두 개의 힘이 서로 싸우고 있습니다. 하나는 "넌 할 수 없어!"라고 하고, 다른 하나는 "넌 할 수 있어!"라고 합니다.

여러분은 스스로를 어떤 모습으로 그립니까?

맥스웰 말츠 박사는 『정신 인공두뇌학(Psycho Cybernetics)』이라는 책에서 이런 말을 했습니다.

"우리는 우리 뇌에 있는 자신의 이미지에 반응한다. 그 이미지를 좋게 하면 우리는 나아진다. 자기 이미지는 사실에 의해서만 바뀌는 것이 아니라 자기 암시적 경험에 의해서도 바뀐다."

이 원리는 삶에도 그대로 적용됩니다. 사업으로 성공을 이루는 것이든 다른 것이든 말입니다. 뭔가를 해낸 자신을 먼저 그리면 실제로 그 일을 할 수 있습니다.

여러분의 운명을 결정하는 것은 다른 누구도 아닌 여러분 자신입니다. 여러분은 자신의 정신을 통제할 수 있을 뿐 아니라, 여러분이 처한 환경을 바꿀 수도 있습니다. 그렇기 때문에 내가 항상 "변명은 있을 수 없다!"라고 하는 것입니다. 지금 처한 현실이 싫다면 바꾸십시오. 여러분이 자신의 이미지를 바꾸면 마음속의 이미지가 바뀌고 결국 여러분의 생각이 현실로 바뀔 겁니다.

혹시 이런 사실을 알고 있습니까? 25세 된 젊은이 백 명 중에 65세 때 부자가 되는 것은 단 한 명뿐입니다. 똑같은 상황에서 왜 어떤 사람은 다른 사람보다 앞서가는 걸까요? 그것은 생각하는 방식이 다르기 때문입니다. 누구를 멘토로 선택하느냐 또한 누구를 따르고 자신을 어떻게 바라보느냐의 차이입니다. 여러분이 만난 사람 중에 90퍼센트가 여러분의 꿈을 비웃을 것입니다. 그런 사람들에게 받아들여지기를 기대하는 것은, 여러분 스스로 꿈을 포기하는 것과 같습니다.

필요한 것은 이미 손에 쥐고 있다

커다란 꿈을 품은 사람은 생각부터가 다릅니다. 부자와 가난한 사람이 구별되는 것은 그들의 생각과 그 생각을 추구하는 방식이 다르기 때문입니다.

모든 사람들은 어떤 면으로든 특별합니다. 여러분은 무슨 일을 할 겁니까? 어떤 사람이 될 겁니까? 신은 여러분을 만들 때, 결코 쓰레기를 만든 게 아닙니다. 자부심을 가지십시오. 나는 키가 167센티미터밖에 안 됩니다. 195센티미터는 되고 싶었는데, 더 이상 크지 않더군요. 그래도 살아보니 겉으로 보이는 키가 얼마나 큰가는 그리 중요치 않더군요. 내면이 얼마나 큰가가 더 중요합니다.

우리 중 같은 사람은 없습니다. 신은 우리를 모두 다르게 만들었죠. 우리의 내면에는 좋은 것도 있고 나쁜 것도 있습니다. 어느 쪽에 초점을 두겠습니까? 자신이 아닌 것을 주장하지 마십시오. 그것에 얽매이면 자신의 모습은 온데간데없고 결국 다른 사람이 되어 인생을 낭비하고 맙니다.

세상에 나오면 누구나 넘어지고 일어서는 시행착오를 거치면서 한 걸음씩 나아가는 방법을 배웁니다. 그러면서 좋은 것은 취하고 나머지는 흘러버리지요. 더불어 '아, 할 수 있구나' 라는 것을 깨닫게 됩니다.

여러분은 필요한 모든 것을 이미 손에 쥐고 있습니다. 형편없는 자아상은 버리십시오. 자신이 누구인지 모르면 작은 일에 절망하고 좌절하기 쉽습니다. 나는 자신이 누구인지 깨달을 줄 아는 사람, 진정한 자아를 찾아 다른 사람들이 하는 말에 전전긍긍하지 않고 즐겁게 사는 사람들을 좋아합니다. 사실, 다른 사람들은 여러분에게 그다지 관심이 없습니다. 그들은 여러분을 걱정하지 않습니다. 오히려 여러분이 자신을 어떻게 생각하는지 걱정하느라 바쁩니다.

가치있는 결정을 내려라

자신에 대한 최종평가는 자신이 내려야 합니다. 자기 인생이기 때문입니다. 이런 속담이 있죠.

"인생에서 중요한 것이 무엇인지 스스로 결정하지 않으면, 다른 사람이 대신 결정해줄 것이다."

정말로 맞는 말입니다. 그렇기 때문에 자신이 누구인지 아는 것은 매우 중요합니다. 그럼에도 대부분의 사람들이 자신이 누구인지 모르고 주변사람들의 말에 휘둘립니다. 장담하건대 그들의 말은 틀렸습니다. 여러분은 승자가 될 수 있습니다. 승자가 되기로 결심하십시오. 나는 나의 선택에 의해 승자가 되었습니다. 그것은 우연이 아니라 결정의 결과였습니다.

성공 이미지는 여러분이 선택하기만 한다면, 여러분의 것이 됩니다.

오늘 여러분은 어떤 사람이 되겠습니까? 세상이 이래라저래라 하면서 성공으로 가는 길을 가로막도록 내버려두겠습니까? 가치있는 결정을 내리십시오. 여러분은 스스로 뭔가를 만들어내는 방법을 배워야 합니다. 여러분 자신이 여러분이 가진 가장 위대한 자산이기 때문입니다.

여러분이 스스로를 존중하기 전에는 아무도 여러분을 존중하지 않습니다. 문제는 여러분이 자신을 바라볼 때, 단점만 본다는 것입니다. 그 단점 뒤에만 숨어 있을 겁니까? 아니면 자신감을 가지고 현실에 상관없이 꿈을 좇겠습니까? 승리에는 반드시 걸림돌이 있습니다. 그 걸림돌을 넘어 승자가 되느냐 아니냐는 여러분 자신을 얼마나 믿느냐에 달려있습니다.

인생의 묘미는 하나하나 이뤄가는 것에 있습니다. 학교나 자칭 똑똑하다는 사람들이 우리의 머릿속에 구겨넣은 그 형편없는 자기 이미지를 벗어버릴 가능성에 달린 겁니다. 부모형제, 친구, 선생님, 설교자, 정치인, 언론, 그밖에 주변의 모든 사람들이 우리를 형편없이 대하고 우리가 형편없다고 말하지만 그것은 모두 틀린 얘기입니다. 우리가 지금까지 살면서 배운 것 중 90퍼센트가 틀렸습니다.

여러분과 내가 이것을 깨닫기 전에는 우린 앞으로 나아가지 못합니다. 여러분은 신의 위대한 창조물입니다. 그것을 깨닫고 자신의 모습을 찾으십시오.

> 다른 사람을 아는 것은 지식이지만 자신을 아는 것은 진정한 지혜다. 다른 사람을 휘두르는 것은 힘이지만 자신을 휘두르는 것은 진정한 능력이다. – 라오 츄

/ PURSUIT /
Success is hidden in the journey.

5

Success is Hidden In the Journey.

5장 / 과거는 **과거**일 뿐!

어제는 지나갔고 내일은 알 수 없다. 오늘이야말로 신이 주신 선물이다.
그렇기 때문에 현재(present)를 선물(present)이라고 하는 것이다. - 빌 킨

과거의 문을 닫으십시오. "과거는 걸림돌이 아니라 도약대가 되어야 한다"고 에드문드 버크가 말했습니다. 과거로는 결코 미래의 계획을 세울 수 없습니다.

"내가 잘 나갈 때는 말이지…"

이런 얘기를 하는 사람 중에 지금 잘 나가는 사람이 없다는 것 모르십니까? 과거에 잘했든 못했든 과거는 잊으십시오. 여러분 중에는 과거나 현재에 매여 미래를 못 보는 사람이 꽤 있습니다.

앞을 내다보는 것이 중요합니다. 여러분의 번영과 운명이 거기 있습니다.

과거로 향하는 문은 닫혔다

나는 사람들과 얘기할 때, 상대방이 과거의 얘기는 얼마나 하고 현재의 얘기는 얼마나 하며 또한 미래의 얘기는 얼마나 하는지를 유심히 살펴봅니다. 재미있는 사실은 과거 얘기만 주로 하는 사람은

퇴보하고 있다는 것입니다. 현재의 얘기만 주로 하는 사람은 현상 유지나 하는 수준이고 미래의 얘기를 하는 사람은 성장하고 있음을 알 수 있습니다.

어떤 사람은 과거에 너무 안주한 나머지 미래에 가보지도 못하고 생을 마감합니다. 과거에 얽매이는 것은 낭비입니다. 그 위에는 어떤 것도 세울 수 없습니다. 옛 영광을 되찾을 수도 없습니다. 하루 종일 어제만 생각한다면, 더 나은 내일은 있을 수 없습니다.

세상이 여러분의 손 안에 있습니다. 주먹을 꽉 움켜쥐십시오. 오늘은 여러분의 남은 인생의 첫 날입니다. 이제 남은 것은 미래뿐입니다. 과거는 지나갔습니다. 여러분이 무엇을 했든 모두 지나간 겁니다.

지나간 일을 바꿀 수는 없습니다. 지금부터는 미래가 중요합니다. 신념에 따라 새 삶을 시작하십시오. 그 결정은 여러분 손에 달려 있습니다. 사람들이 필요로 하는 정보, 남다른 사람을 만들어주는 정보가 여러분 손에 있습니다. 그것을 깨달으십시오.

> "과거에 사는 것은 지루하고 외로운 일이다. 옛날 일이나 생각하고 있으면 뒷목이 뻣뻣해지고 자기 길을 잘 가는 사람들에게 방해가 될 뿐이다." – 에드나 퍼버

> "행복의 첫째 조건은 과거에 대해 오래 생각하지 않는 것이다. 한 시간 전만큼 먼 과거도 없다." – 찰스 캐터링

과거에 의지하지 마십시오. 새로운 꿈을 통해 과거에 작별을 고

하십시오.

힘이 들지라도 어느 지점에서든 시작은 해야 합니다. 아무것도 안 하는 사람들이 여러분의 미래에 대해 이러쿵저러쿵 하지 못하게 하십시오. 로라 팔머는 이런 말을 했습니다.

"미래를 위한 것이 아니라면 어제를 후회하느라 오늘을 낭비하지 마라."

전적으로 동감합니다. 또한 데이비드 맥낼리는 "과거는 바꿀 수 없다. 그렇지만 오늘 무슨 일을 하느냐로 내일은 바꿀 수 있다"라고 했습니다. 어제가 오늘을 잡아먹도록 해서는 안 됩니다. 사첼 페이지는 "돌아보지 마라. 어제가 발목을 잡을지도 모른다"고 했습니다.

과거와 미래는 결코 같을 수 없습니다.

과거에서 배우는 것과 과거에 젖어 사는 것은 다르다.
- 케니스 아우친클로스

과거에 있었던 곳을 바라보지 말고
당신이 있을 수 있는 곳을 보기 시작하라.
Don't look at where you have been;
start looking at where you can be.

- 「덱스터의 사업 비결」中 -

/ PURSUIT /
Success is hidden in the journey.

Success is Hidden In the Journey.

6

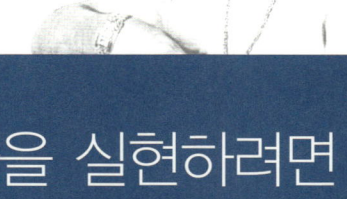

6장 / 꿈을 실현하려면
먼저 **꿈**이 있어야 한다

**꿈이 그만한 가치가 있다고 믿는다면,
꿈만 좇는 바보처럼 보여도 좋을 것이다.** - 라이트 형제

인생을 살아가는 최선의 방법은 '정해진 틀에서 벗어나는 것'이라고 생각합니다. 미래는 생각지 못했던 것을 생각해내고, 아무도 보지 못한 것을 보고, 명확하지 않은 비전을 향해 행동하는 사람들의 것입니다.

뉴욕주에 있는 롬(Rome)에 살 때, 나에게는 한 가지 버릇이 있었습니다. 그곳에는 우리 부부가 꿈에 그리던 집이 두 채 있었는데, 하나는 아내가 좋아하는 집이었고 다른 하나는 내가 좋아하는 집이었습니다. 물론 나는 어느 쪽이든 좋았습니다. 나는 일에 쫓기면서도 하루에 적어도 5분씩은 그 두 집 앞에 머물곤 했습니다. 5분 동안 그냥 그 집을 바라보기만 한 겁니다. 그러면서 계속 그 집을 머릿속에 옮겼습니다.

그런 다음 캐딜락이 있는 자동차판매점으로 갑니다. 그리고 새로 나온 캐딜락을 생전 처음 보는 사람처럼 쳐다봅니다. 물론 그 차 역시 제 머릿속에 옮겨집니다. 마치 사랑하는 여자친구에게 구애를 하듯 그 집과 차에게 구애를 한 것이죠. 막연히 '저런 집과 차가 있으면 좋겠다'라고 침을 흘리기만 한 것이 아니라, '저런 집, 저런 차를 꼭 갖고야 말겠어'라는 생각을 하면서 말입니다. 나는 단순한 희망사항을 바람으로 만들고 그 바람을 다시 필요로 만들고, 그 필요를 없어서는 안 될 것으로 만들었습니다.

자기 자신을 믿어라

정말로 필요하다면 간절히 원하게 되고 그러면 그것을 갖게 됩니다.

많은 사람들이 안고 있는 문제가 무엇인지 압니까? 자신이 정말로 추구해야 할 것을 보고 또 보면서 뼈아픈 상처를 받지 않는다는 겁니다. 뼈저린 상처를 받아야만 절실해집니다.

내가 잘하는 것 중 하나가 여러분이 감당할 수도 없는 곳으로 데려가 보게 하고 만지게 하고 그런 다음 빼앗는 겁니다. 사람들은 아픔을 겪으며 성장합니다. 아프지 않으면, 목표가 없으면 성장도 멈춥니다.

여러분이 극복해야 할 유일한 장애물은 여러분 자신입니다. 지금의 자리에서 어디로 갈 생각입니까? 물론 여러분 중에는 지금의 자리에 머물고 싶은 유혹을 받는 사람도 꽤 될 겁니다. 여러분 자신을 믿으십시오. 믿을 수 없다면 할 수도 없습니다. 확률이나 잠재성은 중요하지 않습니다. 여러분의 믿음이 곧 여러분의 자산입니다.

성공을 향한 나의 첫걸음은 나를 믿고 꿈을 품은 것입니다. 두 번째 걸음은 새로운 꿈을 꾼 것입니다. 그때 나는 살면서 꼭 해야 할 가장 큰 일은 꿈을 찾기 위해 죽도록 노력하는 것임을 깨달았습니다.

꿈은 도구입니다. 그것은 내가 가능하리라고 생각지도 못했던 일을 해낼 수 있는 힘을 주는 도구입니다. 여러분의 잠재력을 스스로 없애지 마십시오. 할 수 있다는 자신감을 가지십시오. 꿈이 현실이 될 때까지 버티십시오.

목표는 구체적이고 명확하게 기록한다

여러분의 꿈은 얼마나 큽니까? 리더들은 꿈을 꾸는 사람들입니다. 내가 할 일은 여러분이 더 큰 꿈을 꾸도록 돕는 겁니다. 이제 어디로 가고 싶은지 말해보십시오. 그러면 내가 그곳에 도달할 수 있도록 돕겠습니다. 나는 여러분이 밖으로 나가 더 좋은 집을 보았으면 합니다. 그 집을 너무 열심히 쳐다본 나머지 '나라고 저런 집 한 채 갖지 말란 법 있어?'라는 생각을 했으면 합니다. 그런 오기로 그 집을 얻기 위해 열심히 일하길 바랍니다.

그러면 다른 사람들도 여러분이 가진 것을 원하게 될 것이고, 자신들도 그런 집을 갖기 위해 무엇이든 할 겁니다. 그렇지 않습니까?

먼저 꿈을 가져야 합니다. 너무 간절히 원해서 그걸 얻기 위해서라면 어떤 일이든 할 준비가 되어 있는 그런 꿈이 있어야 합니다. 그 꿈은 사람마다 다릅니다. 여러분이 간절히 원하는 것을 찾으십시오. 그리고 어떻게 하면 그것을 얻을 수 있는지 알아보십시오.

목표는 신념에 한 발 다가서고 싶을 때, 설정하는 것입니다. 내가 신념을 가지고 움직이기 시작했을 때, 나는 목표를 기록하고 한 부 복사를 했습니다. 그리고 내 아이들과 아내에게 각자 자신의 목표를 적으라고 해서 그것도 한 부씩 복사했습니다. 그 목표들은 우리가 1년 후에 꺼내볼 수 있는 특별한 장소에 넣어두었습니다. 물론 우리 가족은 그 목표를 이룰 수 있기를 간절히 원했습니다.

내가 적은 목표는 48개일 때도 있었고 50개, 38개, 15개일 때도 있었습니다. 나는 우리 팀과 더 좋은 관계를 맺고 싶었고 우리 아이들과 더 잘 지내고 싶었습니다. 새 집과 새 차를 갖고 싶었습니다. 그래서 내가 원하는 집, 원하는 차를 적어 넣었습니다. 여러분도 원하는 바를 구체적으로 기록해야 합니다.

간절히 원하려면 이유가 있어야 합니다. 이때, 돈이 이유가 되면 결코 멀리 갈 수가 없습니다. 나의 이유는 가능한 한 많은 사람들에게 희망을 전파하는 것입니다. 그것이 내가 내 사업에 인생을 건 이유입니다.

꿈과 생각의 크기가 결과의 차이를 만든다

나는 뭔가를 하고 목표를 향해 나아가는 사람들과 함께하고 싶습니다. 그들과 함께 차이를 만들어내고 싶습니다. 얼마나 버느냐, 어디에 사느냐가 아니라 얼마나 큰 생각을 하느냐가 차이를 만듭니다. 여러분의 꿈, 헌신, 욕심의 크기가 차이를 만드는 겁니다.

우리가 추구하는 것은 바람에서 원함으로, 원함에서 필요로, 필요에서 없어서는 안 될 것으로 진행합니다. 바람만 가득한 사람들은 우리 주변에 얼마든지 있습니다. 그들은 '이게 있었으면…', '저게 있었으면…' 하고 바라기만 하다가 끝나는 사람들입니다. 우리가 찾는 사람은 바람에서 한 단계 더 나아가 원하는 사람들입니다. 그들은 '난 이걸 원해'라고 말하다가 '난 이게 필요해'로 나아가고, '난 이걸 가져야겠어' 그리고 '난 이걸 가졌어'로 넘어갑니다.

그렇기 때문에 여러분이 '이랬으면…'과 '해봤어', '이걸 바라고 있어'에서 '이걸 할 거야', '이게 필요해', '이걸 하겠어'로 넘어가기 전에는 여러분이 원하는 것을 갖지 못하는 것입니다. 움직일 때까지는 가질 수 없습니다. 바람에서 더 욕심을 부려 움직여야 합니다. 그래야 열정에 불이 붙습니다.

우리 부부는 한 달에 천 달러를 벌겠다는 작은 꿈을 가지고 사업을 시작했지만, 지금은 제트기를 갖게 될 정도로 부자가 되었습니다. 그 과정 속에서 우리는 우리가 더 큰 일을 해낼 수 있음을 알게 되었습니다. 하나의 꿈을 이루면 더 큰 꿈을 꾸었고 더 큰 생각을 하게 되었습니다. 그러자 나의 가치는 점점 올라갔고 더불어 수입과 원하는 것도 높아졌습니다. 여기서 중요한 것은 내가 꿈을 갖고 시작했다는 점입니다.

꿈꾸기를 멈추는 순간, 나이가 든다

만약 여러분이 꿈꾸기를 멈추고 더 이상 원하는 것 없이 편안함을 느낀다면, 더 이상 자라지 않는다는 뜻입니다. 사람이 나이가 들어 꿈꾸기를 멈추는 것이 아닙니다. 꿈꾸기를 멈추는 순간부터 나이가 드는 겁니다. 그러니 꿈에 투자하십시오.

뉴욕주에 있는 롬(Rome)에 살 때, 우리는 고교동창들과 자주 만났습니다. 어느 날, 시어즈에서 내 상사로 있던 친구를 만났는데 얼마 전에 은퇴를 했더군요. 신수가 훤해지고 건강도 좋아 보이기에 은퇴하면서 어떤 퇴직 패키지를 받았는지 물어보았습니다. 그 친구는 43년을 일한 대가로 무엇을 받았는지 자랑스럽게 말해주었습니다. 재미있는 것은 그 친구가 회사에서 아주 잘 나갔고 은퇴를 해서 여유있는 삶을 살 정도로 충분한 보상을 받았는데도, 그 퇴직패키지가 내가 가진 집 한 채의 일년 관리비도 안 된다는 사실이었습니다.

그 친구는 나보다 똑똑했고 내 상사였습니다. 나는 그보다 나이도 어렸죠. 대체 어떻게 된 걸까요? 내가 운이 좋았던 걸까요? 아니면 내가 꿈을 추구할 기회를 보고 자유를 좇았기 때문일까요? 5년, 10년, 20년 아니 1년 후에 여러분은 어떤 사람이 되어 있을 겁니까?

여러분의 신념이 여러분의 머리를 앞질러가게 하십시오. 갈 수 있는 곳보다 더 멀리 가고, 볼 수 있는 곳보다 더 보십시오. 작은 위험을 감수해서는 큰 성과를 올릴 수 없습니다.

▷ "호랑이 나라에서 토끼를 잡으려면 눈을 부릅뜨고 호랑이를 경계해야 하지만, 호랑이를 잡으려고 한다면 토끼는 무시해도 된다."
  – 헨리 스턴

토끼처럼 사소한 목표에 한눈팔지 마십시오. 큰 동물을 조준하십시오. 생산적인 삶을 원한다면 큰 꿈을 품어야 합니다. 목표를 높이 설정할 때, 여러분은 언젠가 챔피언이 되어 있을 겁니다.

인생의 비극은 목표를 달성하지 못하는데 있는 것이 아니라 달성할 목표가 없는데 있다.
– 벤자민 메이즈

/ PURSUiT /
Success is hidden in the journey.

Success is Hidden In the Journey.

7장 / 패자의 자리를 박차고 나오면 **승자**가 된다

> 모든 중요한 싸움은 인간의 내면에서 일어난다.
> – 셀던 코프

오늘날 스포츠계의 슈퍼스타들은 대부분 가난한 집안 출신이라고 합니다. 이것은 지금이 어떤 상황인가는 중요하지 않다는 것을 의미합니다. 어떤 집안 출신인지는 그리 중요하지 않다는 겁니다. 중요한 것은 꿈입니다. 무엇보다 꿈의 힘이 큽니다.

약점 때문이 아니라 재능과 배고픔으로 성공한다
사람들은 흔히 이렇게 말합니다.
"너는 출신부터가 틀렸어."
어떤 출신이 맞고 어떤 출신이 틀렸다는 겁니까? 지금은 미래를 보아야 하는 시대입니다. 언제까지 할아버지, 증조할아버지, 고조할아버지 얘기만 할 생각입니다. 이젠 신물이 날 때도 되지 않았습니까?

나는 다섯 형제 중에 둘째로 태어났습니다. 가족이 태어난 순서를 잘 연구해보면, 둘째는 성공하는 경우가 드물다고 합니다. 그렇다면 내 경우는 어떻게 설명할 수 있을까요? 간단합니다. 꿈이 있다면 몇 째로 태어났든 사회가 정해놓은 틀은 깰 수 있습니다.

우리는 약점 때문에 성공하는 것이 아니라, 재능과 배고픔으로 성공합니다. 우리는 뭔가 부족함을 느껴야만 바꿀 것은 바꾸고 고칠 것은 고칩니다. 당장 배가 고픈 사람에게 세상의 편견은 아무것도 아닙니다.

출신이나 현재의 상황에 얽매여 스스로 한계를 긋지 마십시오. 지금 가진 재산에 안주하지 마십시오. 그렇다고 터무니없는 꿈을 가지고 무모하게 덤비라는 얘기는 아닙니다. 우리가 가진 재산 범위 안에서 쓰되, 그 안에 안주하지 말라는 것입니다.

여러분보다 더 똑똑한 사람들과 이야기를 나누십시오. 여러분보다 더 지혜로운 사람들의 이야기를 들으십시오. 여러분보다 성공한 사람들에게 질문하십시오. 여러분보다 어려운 사람들에게 도움의 손길을 내미십시오. 지금 있는 자리에 머물지 말고 말입니다.

장애를 극복할수록 더 존경받는다

웹스터 사전에서 '재산(means)'이라는 말을 찾아보면 '평균'이란 뜻이 있음을 알 수 있습니다. 결국 여러분이 재산에 안주하기로 결정하는 순간, 여러분은 평균적인 삶을 살기로 결심하는 것과 같습니다. 자기 재산 범위 안에서 산다는 것은 비효율적입니다.

나는 먹시 보그스같은 사람이 성공하는 것을 보면 희열을 느낍니다. 꿈이 크면 현실은 중요하지 않다는 것을 증명해보인 그는 모든 가능성을 넘어선 프로 농구선수입니다. 나는 남들이 다 안 된다고 하는데, 그것을 되도록 만든 사람들이 좋습니다. 그가 바로 그런 챔피언이었습니다.

특히 먹시 때문에 팀에서 방출된 두 명의 선수들이 기억납니다. 한 사람은 흑인이고 다른 한 사람은 백인이었습니다. 둘 다 키가 각각 198센티미터, 195센티미터나 되었죠. 내가 만약 키가 198센티미터인데 160센티미터인 선수 때문에 팀에서 쫓겨났다면 창피해서 못 살 것 같습니다.

다윗과 골리앗의 이야기도 우리에게 강한 메시지를 전해줍니다.

다윗은 작은 목동에 불과했지만, 골리앗이 거인인 줄 알면서도 또한 다른 사람들이 모두 그를 두려워하는 줄 알면서도 그와 맞섰습니다. 물론 다윗은 결과적으로 충분한 대가를 받았습니다. 그 도전은 그만한 가치가 있는 꿈이었죠. 다윗은 조약돌 다섯 개를 집어들었습니다. 그것은 골리앗에게 네 명의 형제가 있다는 것을 알았기 때문입니다. 다윗은 골리앗 형제를 모두 물리칠 계획이었던 것입니다. 얼마나 큰 꿈입니까?

다시 한 번 말하지만 현실은 중요하지 않습니다. 보다 큰 장애를 극복할수록 사람들은 여러분을 더 존경합니다.

나는 '우리가 무엇을 할 수 있다' 거나 '어떤 변화를 이룰 수 있다' 는 얘기를 들으면 흥분이 됩니다. 여러분과 내가 그 주역입니다. 우리는 마음에 안 드는 것은 무엇이든 바꿀 수 있습니다. 여러분과 내가 앉아서 불평만 하지 말고 바꿔나가야 합니다. 낙오자의 자리를 박차고 나온 사람은 무엇을 바꿔야 하는지 누구보다 잘 아는 법입니다.

장애물을 피하지 말고 해결책을 찾아라

많은 사람들이 온갖 잠재력을 갖고도 두려워합니다. 친구들이 어떻게 생각할까 겁을 냅니다. 그런 바보같은 생각에 갇혀 있는 겁니다. 이런 생각에 몰두한 나머지 진정한 친구들이 있다는 것 그리고 그 친구들은 여러분이 무엇을 하든 여러분을 좋아한다는 사실을 깨닫지 못합니다. 여러분의 꿈 때문에 여러분이 싫다는 사람이 있다면, 그 사람은 진정한 친구가 아닙니다.

여러분 주변에는 어떻게 해서든 여러분의 꿈을 빼앗으려는 사람이 있게 마련입니다. 그들은 사람들과의 관계에 상처를 주고 모든 것을 망쳐놓으려고 할 겁니다. 그렇지만 절대로 꿈을 빼앗겨서는 안 됩니다. 여러분은 이렇게 말해야 합니다.

"난 꿈에 나를 묶었어. 나에게는 삶의 목적이 있어. 너는 나를 쓰레기로 만들 수 없어."

낙오자의 위치에서 박차고 나오려면 꿈이 있어야 합니다. 물론 여러분이 얼마나 높이 올라갈 수 있느냐는 여러분 자신이 결정합니다. 어디로 갈 것인가 하는 것도 여러분에게 달려있습니다. 여러분의 상사, 부모, 형제, 친구는 가능한 범위 안에서 우리에게 지침을 주지만 변화의 주역은 어디까지나 여러분 자신입니다.

대중 속에 묻히지 마십시오. 그러면 다른 사람들이 온갖 것에 발목이 잡힐 때 여러분은 앞으로 나아갈 수 있습니다. 삶을 헤쳐 나갈수록 더 많은 장애물을 만날 겁니다. 여러분은 특별합니다. 여러분은 특별한 재능과 잠재력을 지녔습니다. 가장 성공한 사람들은 가장 많은 장애물을 넘은 사람들입니다. 장애물을 만나면 해결책을 가진 사람을 찾으십시오. 그러면 답을 알게 되고 장애물에 걸려 넘어지지 않게 됩니다.

경쟁자 때문에 깨지는 사람이 있고 경쟁자 때문에 기록을 깨는 사람이 있다.
- 윌리엄 아서 워드

모여서 신세 한탄하는 것만큼 헛일도 없다. - 덱스터 예거

용기를 가진 사람이 대중을 만든다. - 무명씨

큰 꿈이 있는 사람은 현실에 안주하며
사는 사람보다 강한 힘을 가지고 있다.
A person with big dreams is more powerful
than a person with all the facts.

- 「덱스터의 사업 비결」中 -

/ PURSUiT /
Success is hidden in the journey.

Success is Hidden In the Journey.

8

8장 / **성공자**는 생각이 다르다

사람들을 가장 크게 구분짓는 것은 배경도 교육수준도 나이도 아니다.
그것은 그들이 생각하는 방식이다. - 덱스터 예거

우리는 보통 어마어마한 부를 축적한 사람들이 쓴 책을 읽으면 그들이 하는 모든 말에 공감하게 됩니다. 그런데 놀랍게도 패자들은 내가 하는 말에 동의하지 않고 책 내용에도 동의하지 않습니다. 하긴 그리 놀랄 일도 아니죠. 패자와 승자가 생각하는 게 같을 수는 없으니까요.

나는 승자도 패자도 되어보았습니다. 패자의 길에서 승자의 길로 들어서려면 생각을 180도로 바꿔야 합니다. 나는 매년 작년보다 더 나은 생각을 하려고 노력합니다.

성공을 배워라

성공자 옆에 있으면 배울게 참 많습니다. 성공하고 싶다면 그들로부터 좋은 생각을 하는 법, 바른 생각을 하는 법을 배워야 합니다. 상위 10퍼센트와 나머지 90퍼센트가 사물을 보는 방식은 다릅니다. 따라서 상위 10퍼센트에 들고자 한다면 90퍼센트의 말을 들으면 안 됩니다.

성공자에게서 교훈을 찾으십시오. 그들이 겪은 일, 그들이 극복한 것에서 말입니다. 여러분이 원하는 분야에서 성공한 사람들을 찾아가 그들의 이야기를 들으십시오.

나는 사업에 실패했다가 다시 일어섰습니다. 그때, 『크게 생각할수록 크게 이룬다』, 『신념의 마력』, 『내 인생의 다이아몬드』, 『부자가 되는 법』 등의 책이 커다란 힘이 되어 주었습니다. 그 책들을 읽고 나는 '세상은 이렇게 말하지 않지만, 내가 알아야 할 것은 바로 이게 아닌가! 평범한 사람들이 아니라 승자들이 생각하는 방식을 알아야겠다' 라고 생각했습니다.

이러한 책을 통해 나는 나에게 중요한 것, 나에게 힘을 주는 것을 이해하게 되었습니다. 영웅이 없다면 우리는 모두 평범한 사람에 지나지 않을 것입니다. 그래서 아내와 나는 우리만의 영웅을 선택했습니다. 그들은 제이 폴 게티, W. 클레멘트 스톤, 모세 그리고 예수님입니다.

그러나 여러분을 도울 수 있는 사람이 곁에 있어도 여러분 스스로 노력하지 않으면 그들은 여러분을 돕지 않습니다. 선생님이 내준 숙제를 안 하겠다고 버티는데, 집에까지 찾아와 공짜로 가르쳐 줄 선생님이 어디 있습니까? 저절로 되는 일은 없습니다.

자기 사업을 하려면 먼저 사고의 폭을 넓혀야 합니다. 그러기 위해서는 생각의 지평을 넓혀주는 책을 읽어야 합니다. 얼마나 많이 읽어야 할까요? 그건 나도 모릅니다. 얼마나 많은 성공자의 테이프를 들어야 할까요? 그건 나도 모릅니다.

성공할 생각이라면 최고에게 배우십시오. 실패할 생각이라면 나머지 사람들에게 배우십시오.

멘토를 잘 선택하라

오랫동안 성공한 사람들을 눈여겨보십시오. 장기간 성공하는 사람과 성공했다가 금방 추락하는 사람 간에는 커다란 차이가 있습니다. 최고의 성공자에게 배워야 합니다.

혹시 성공하는 사람들은 서로 따라한다는 것, 그리고 생각이 비슷하다는 것을 알고 있습니까? 그것은 실패하는 사람들도 마찬가지입니다. 여러분은 성공자를 따르고 싶습니까? 아니면 실패자를 따르고 싶습니까? 승자가 되고 싶다면 성공자들이 속한 그룹에 들어야 한다는 것을 빨리 깨달아야 합니다. 대중 속에 묻혀서는 안 됩니다.

대단한 사람들 중에는 인생의 내리막길을 걷다가 결국 역사의 뒤안길로 사라진 사람들도 많습니다. 잘못된 결정을 내렸기 때문입니다. 반면, 잠재력이라고는 눈곱만큼도 없는 것 같은데 인생에서 성공하고 역사에 이름을 남긴 사람들도 있습니다. 올바른 결정을 내렸기 때문입니다. 이들은 대가를 치르기로 결심하고 어떤 상황이 닥치든 승자처럼 생각했습니다.

여러분에게 천부적인 능력이 있음을 받아들이십시오. 마음은 근육과 같아서 어떤 것을 집어넣느냐에 따라 나오는 게 달라집니다. 쓰레기를 넣으면 쓰레기가 나올 뿐입니다. 천부적 능력을 가진 사람들과 어울리면 천부적 능력의 씨앗이 마음에 뿌려집니다.

성공가도를 달리는 사람들과 어울리면 천부적 능력의 씨앗을 얻을 수 있습니다. 가난한 사람들의 사고방식에서는 얻을 게 없습니다. 천재들의 사고방식을 따르십시오.

성공하려면 성공한 사람들과 어울려야 합니다. 그들을 보면서 마음에 안 드는 점은 무시하고 마음에 드는 점만 찾으십시오. 아마도 "저 사람도 나랑 똑같네. 나라고 다를 것 있나? 나도 잘할 수 있어!"라는 말이 절로 나올 겁니다.

대부분의 사람들이 승자의 얘기가 아니라 패자의 얘기에 파묻혀 살아갑니다. 여러분에게 안 된다고 말하는 패자가 아마 만 명은 될 겁니다. "당신이 어떤 사람이 되려고 하든 당신은 할 수 있습니다"라고 말하는 승자가 한 명뿐일지라도 그 사람의 말을 들으십시오.

승자에게서는 꿈을, 패자에게서는 후회를 얻는다

책 속에는 수많은 친구가 있습니다. 내가 읽은 책의 저자들은 이렇게 말합니다.

"넌 할 수 있어!"

하지만 안타깝게도 현실의 친구들은 대부분 내가 못할 거라고 말합니다. 나는 그 친구들을 좋아하지만, 나에 대한 부정적인 의견은 무시합니다. 여러분도 그렇게 하십시오. '아직은 부족할지 몰라도 차차 나아질거야'라고 말할 수 있는 자신감이 있어야 합니다. 모든 성공자들도 한 때는 내로라하는 친구들에게 패자 취급을 받았다는 것을 잊지 마십시오.

내가 1980년 레이건 대통령 취임식에 참석했을 때, 제가 카우보이 부츠를 신자, 사람들이 누가 취임식에 카우보이 부츠를 신고 가느냐고 말렸습니다. 그런데 취임식에 갔더니 어땠는지 아십니까? 레이건 대통령도 카우보이 부츠를 신고 있었습니다. 그뿐입니까? 경비행기가 카우보이 부츠를 신은 수많은 사람들을 실어 나르고 있었습니다. 보통 사람들은 승자들이 하는 일을 모릅니다. 그들은 무엇이 허용되는지 모릅니다.

승자 옆에 있으면 꿈을 얻게 됩니다. 패자 곁에 있으면 후회만 늘어납니다. 누구와 함께 있고 싶습니까? 어디로 가고 싶습니까? 여러분은 싸움꾼이 되어야 합니다. 모든 사람들에게 사랑을 받겠다면 패자들의 사랑은 받을 수 있을지 몰라도 승자의 사랑은 결코 받을 수 없습니다. 승자는 대가를 치르는 사람들입니다. 승자는 늘 사람들의 공격을 받는 사람들입니다.

승자는 항상 해답 쪽에, 패자는 문제 쪽에 선다

성공한 사람들은 집안에서 처음으로 성공한 경우가 대부분입니다. 그들은 자기 세대에서 새로운 역사를 쓰기 시작한 사람들이죠. 그들은 분명 어렸을 때, 이런 결심을 했을 겁니다.

"나는 다르게 살 거야. 난 꼭 성공하겠어. 사람들이 손가락질해도 좋아. 비웃어도 상관없어. 난 내 꿈을 이룰 거야. 그 무엇보다 내 꿈이 중요해."

그리고 마침내 행복을 찾은 것입니다.

승자는 항상 해답 쪽에 섭니다. 패자는 항상 문제 쪽에 서죠. 승자에게는 늘 프로그램이 있고 패자에게는 늘 변명거리가 있습니다.

승자는 이렇게 말합니다. "내가 널 위해 이걸 해줄게."

패자는 이렇게 말합니다. "그건 내 일이 아니야."

승자는 모든 문제에서 해답을 찾지만, 패자는 모든 해답에서 문제를 찾습니다. 어느 쪽을 선택하겠습니까?

승자가 되려면 세상의 모든 평범한 사람들보다 확고한 믿음이 있어야 합니다. 미래에 대한 선명한 청사진이 있어야 합니다. 어쩌다 보니 저절로 되는 일은 없습니다. 누군가 그렇게 만들었기 때문에 되는 겁니다.

꿈을 밤낮으로 좇다 보면, 문제를 하나하나 넘다 보면 사람들이 변명하는 소리를 듣게 됩니다. 그러한 변명은 단호히 거절하십시오. 변명을 들어주다 보면 변명이 여러분의 발목을 잡을지도 모릅니다. 세상에는 승자와 패자, 두 종류의 사람이 있다는 것을 기억해야 합니다.

차이를 만드는 사람들과 가까이하라

부자가 된 사람들은 대부분 한때 가난했고 그 가난이 싫었던 사람들입니다. 그들은 과거에 가난했지만 열심히 노력해 가난에서 벗어난 것이죠. 누군가 다른 사람이 가난에서 꺼내주기를 바라는 사람은 결코 가난에서 벗어날 수 없습니다. 그런 일은 절대로 일어나지 않습니다.

여러분은 내 인생에 일어난 일을 여러분의 인생으로 끌어올 수도 있고, 패자의 길을 따라갈 수도 있습니다. 승자는 승자들끼리 어울립니다. 나 역시 승자들을 만납니다. 그러면서 우리가 같은 길을 걸어왔다는 생각에 강한 유대감을 느낍니다. 그들이 각각 어떤 어려움을 겪었느냐는 그리 중요하지 않습니다. 중요한 것은 그들이 결국 정상에 섰다는 것입니다!

차이를 만드는 마법을 지닌 사람과 함께 일하십시오. '마법' 같은 매력을 지닌 사람을 가까이 하십시오. 간혹 열정도 있고 인맥도 있는데, 마법같은 매력이 없는 사람이 있습니다. 누구나 그런 마법을 지니는 것은 아닙니다. 마법을 가진 사람과 손잡고 크고 높게 이루십시오.

먼저 우리는 생각하는 법을 배워야 한다. 그런 다음 똑바로 생각하는 법을 배워야 한다.
- 덱스터 예거

생각하는 것만큼 어려운 것도 없다. 그렇기 때문에 생각을 하는 사람이 드문 것이다.
- 헨리 포드

우리가 인생에서 만나는 큰 문제들은 그 문제를 만들 때 사고 수준으로는 해결할 수 없다. - 앨버트 아인슈타인

사람들 간의 차이는 미미하다. 그러나 그 미미한 차이가 큰 차이를 만들어낸다. 미미한 차이는 태도이고 큰 차이는 그 태도가 긍정적이냐 부정적이냐 하는 것이다.
- W. 클레멘트 스톤

현 상황에서 최선을 일궈내는 사람들에게 최선의 상황이 펼쳐진다.
- 존 우든

현명한 사람은 스스로 결정을 내리지만 우매한 사람은 여론을 따라간다.
- 중국 속담

이끌든지 따라 오던지 아니면 비켜나라.
Lead, follow, or get out of the way.

- 「덱스터의 성공 비결」中 -

/ PURSUiT /
Success is hidden in the journey.

9

Success is Hidden In the Journey.

9장 / **빈 수레**가 요란하다

침묵을 지키면 바보도 현자로 보이고,
입을 다물면 우매한 사람도 식견이 있어 보인다. - 속담

여러분을 공격하는 사람은 항상 있습니다. 그중에는 여러분을 사랑하는 사람도 있을 겁니다. 물론 '나를 지적해주는 사람이야말로 나를 사랑하는 사람'이라는 생각이 들 때도 있습니다. 그러나 한 가지 기억해야 할 것이 있습니다. 여러분을 사랑하는 사람은 여러분이 꿈을 키워가도록 어떻게든 도우려고 할 겁니다. 사랑하는 척 하며 속도를 늦추라고 하는 사람은 진정으로 사랑하는 것이 아닙니다. 이들의 말에 귀를 기울이면 이들은 언제라도 여러분을 멈춰 세울 것입니다.

남의 의견을 고려하기 전에 그 의견이 어디에서 나왔는지를 신중히 살펴야 합니다. 남의 조언을 듣기 전에 그가 사는 모습을 보고 따를만한 가치가 있는지 판단하라는 뜻입니다. 정원의 잔디가 깨끗한지 아니면 잡초만 무성한지 살펴보십시오. 세상에는 '넌 대체 얼마나 잘났는데?'라고 묻고 싶은 사람이 너무 많습니다.

나는 자신보다 성공한 사람을 비난하고 성공기회를 제공한 사업을 비하하는 사람들을 경멸합니다.

다른 사람이 던지는 돌로 견고한 토대를 쌓을 수 있어야 한다

우리는 거부반응에 대처하는 법을 배워야 합니다. 미소를 짓고 다정하게 대하십시오. 최고의 미소를 보여주면서 이렇게 생각하십시오.

'후회할 날이 있을 거다, 이 바보야. 넌 몰라. 넌 거부반응이 얼마나 큰 자극이 되는지 몰라. 난 절대로 패자가 되지 않아.'

비판하는 사람들을 대하는 제1원칙은 '두려워 말라'는 겁니다. 찰스 다지슨은 "아무도 비난할 수 없는 일만 하려고 하면 큰 일은 할 수 없다"라고 했습니다. 논란이나 비판 없이 이루어진 위대한 일은 없습니다. 성공하려면 논란의 중심에 서야 합니다. 여러분은 모든 사람의 사랑을 받지는 못할 겁니다. 모든 위대한 생각은 충돌과 다툼과 전쟁을 일으켰습니다.

마사지 치료사들은 마사지를 받는 사람에게서 긍정적인 기가 나오는지 아니면 부정적인 기가 나오는지 느낄 수 있다고 합니다. 긍정적으로 생각하고 긍정적인 자세를 보이십시오. 어떤 일에서든 성공하려면 태도가 중요합니다. 나는 작은 씨앗의 힘을 믿습니다. 우리가 부정적인 씨앗을 뿌리면 수확은 변변치 않을 것이고, 긍정적인 씨앗을 뿌리면 풍성한 수확을 얻을 겁니다.

성공은 태도가 좌우합니다!

태도에 문제가 있는 사람은 말만 앞세우지만, 좋은 태도를 가진 사람은 문제를 극복하기 위해 실천합니다. 먼저 큰 꿈을 품으십시오. 꿈이 너무 커서 흙더미를 산으로 만들 수 있다는 꿈을 꾸십시오.

절대로 꿈은 흙더미만 하면서 문제는 산처럼 거대하게 생각하지 마십시오. 이 순서를 바꿔야 합니다. 산을 만들겠다는 태도를 지녀야 합니다. 모든 문제는 흙더미처럼 작게 줄여야 합니다.

어디로 가는지 방향을 정하고 가장 중요한 것을 먼저 처리하십시오. 비밀을 한 가지 알려드릴까요? 그것은 중요한 일을 위해 싸우지 않으면 결국 아무것도 아닌 일을 위해 싸우게 된다는 것입니다.

비난을 두려워하지 마라

많은 사람들이 편견을 안고 살아갑니다. 그렇기 때문에 여러분이 뭔가를 하려고 하면 그들은 무엇이 문제인지 꼬치꼬치 말해줍니다. 그런 사람들과 어울릴 필요가 없습니다.

▷ "사탄은 가장 가까운 사람들을 통해 당신의 인생에 들어온다."
– 마이크 머독

성공하고 싶다면 신념을 가지십시오. 신념을 빼앗으려는 사람을 멀리하십시오.

드니스 홀리는 이렇게 경고했습니다. "난 괜찮은 사람이니까 날 공평하게 대해 달라는 것은 내가 채식주의자니까 황소가 공격하지 않기를 바라는 것과 같다." 또한 프레드 앨런은 이런 말을 했습니다. "비난에 진짜 힘이 있다면 스컹크는 지금쯤 멸종됐을 것이다." 비난을 하는 사람들은 진흙을 던지지만, 그것은 자기가 서 있는 땅만 그만큼 줄어드는 셈입니다.

비난을 두려워하지 마십시오. 비난을 두려워하는 것은 성공에

골인하기 직전에 죽음의 키스를 받는 것과 같습니다. 말만 앞세우는 사람들은 직접 실천하지도 못하면서 다른 사람까지 끌어내리고자 비판만 합니다.

사람의 됨됨이는 문제에 직면했을 때, 무릎을 꿇느냐 그것을 이겨내느냐로 판단할 수 있습니다. 공을 잘 떨어뜨리는 사람은 공이 왜 이렇게 잘 튀느냐고 불평합니다. 속 좁은 사람들은 큰 생각을 비난하는데 가장 앞장을 섭니다. 그렇기 때문에 성공을 비난하는 모습을 보면 패자를 금방 알 수 있습니다.

다른 사람들보다 한 걸음 앞서 나가고 있다면, 비난을 각오하십시오. 비난을 두려워하면 아무것도 못하고 인생을 마감하게 됩니다. 여러분을 업신여기는 사람들을 신경쓰지 마십시오. 그들은 단지 여러분을 자기 수준으로 끌어내리려고 하는 것뿐입니다. 다른 사람들이 던지는 돌로 든든한 토대를 쌓을 수 있는 사람만 성공합니다. 성공하는 사람들 얘기가 아니라면 비판가들은 참견도 하지 않습니다. 원수를 사랑하십시오. 하지만 그들을 정말 화나게 하고 싶다면 완전히 무시해버리십시오.

인격이 부족한 사람은 가르고, 가르는 사람은 절대 성장하지 못한다

내가 처음으로 내 사업을 시작했을 때, 나는 온갖 반대에 부딪혔습니다. 사람들은 '네가 어떻게 성공하겠니?', '우리가 너를 모르냐?'며 나를 비웃고 조소했습니다. 누구나 받아들이기 힘든 것 중의 하나는 '성공을 하려면 먼저 앞길에 덫을 놓는 친구들을 넘어서야 한다'는 것입니다.

사람들은 그게 무엇이든 절대로 안 될 거라고 말합니다. 하지만 그들에게나 안 되는 것이지 여러분에게도 안 되는 것은 아닙니다. 평생 욕 안 먹고 사는 사람이 어디 있겠습니까? 그냥 그러려니 하고 받아들이십시오. 꿈을 잡기 위해서는 아끼는 사람들의 반대를 넘어서야 합니다. 우습게도 그들은 오즈의 마법사나 산타클로스, 부활절 토끼 등 동화같은 얘기는 잘 믿습니다. 그러면서도 여러분은 못 믿겠다는 겁니다.

여러분이 누구와 어울리는지를 보면 여러분이 어떤 사람인지 알 수 있습니다. "개와 함께 눕는 사람은 벼룩을 안고 일어날 것이다"라는 속담이 있죠. 이것은 정말 맞는 말입니다.

▷ "약한 사람은 친구로 삼기보다 적으로 삼는 편이 낫다."
　- 조시 빌링즈

여러분의 꿈을 존중하지 않는 사람은 여러분의 신념도 존중하지 않을 겁니다. 다행히 여러 번 거절을 당하다보면 이겨낼 배짱이 생깁니다. "네가 뭐 대단한 사람인줄 아냐? 절대로 성공 못할 걸? 결코 네가 성공하는 일은 없을 거야"라는 말에 신물이 날 때쯤, 여러분은 미소를 짓고 돌아서면서 "얼굴도 못 들게 해주지. 그렇게 말한 거 정말 후회하게 될 거야"라고 말할 수 있게 됩니다.

잊지 말아야 할 것은 인격이 부족한 사람은 가르고, 가르는 사람은 절대 성장하지 못한다는 겁니다. 성장의 길로 들어선 여러분은 마음을 갈라놓으려는 사람들에게 작별을 고해야 합니다. 여러분을 반대하는 사람이 아니라, 지지하는 사람들과 함께 시간을 보내십시오.

승자는 말이 아니라 행동으로 보여준다

사랑하는 사람들처럼 여러분에게 큰 상처를 줄 수 있는 사람도 없습니다. 모르는 사람들이야 무슨 상관입니까? 그런데 사랑하는 사람보다 모르는 사람을 더 신경쓰는 사람들이 있으니 안타까운 일입니다.

자니는 모르는 사람들과 함께 사업을 시작해서 제법 성공을 거두었습니다. 한 번은 크리스마스 무렵에 자니로부터 초대를 받아 그의 집을 방문하게 되었습니다. 당시 우리 부부는 이제 막 사업을 시작했던 터라 빈털터리였습니다.

자니의 집 뒷문에 기대서서 그의 아버지와 이야기를 나누고 있는데, 낯익은 사람이 지나갔습니다. 나는 그 순간을 절대 잊지 못할 겁니다. 회색 조깅복을 입고 지나가던 그 사람은 "헤이, 자니. 잘 지내나?" 하고 물었습니다. 나는 벌어진 입을 다물지 못하고 이렇게 말했죠.

"저 사람… 폴 하비(유명한 방송인)잖아."

"그래, 그가 우리 동네에 산다고 했잖아. 길 건너편에 사는 사람은 모토롤라 소유주라네."

자니는 내가 들도 보도 못한 부자동네에 살고 있었던 겁니다. 그가 말하는 '친구들'은 모두 백만장자들이었습니다. 그 자리에는 그의 처남도 와 있었는데 좀 건방진 친구였습니다. 명문대 출신으로 의사인 그는 계속 자신의 의견만 내세우면서 나를 깔아뭉갰죠.

이윽고 아내와 내가 그 집을 나와 숙소로 돌아오자, 자니가 곧바로 뒤따라왔습니다.

"이봐, 아버지가 자넬 아주 마음에 들어 하시더군."

"무슨 소린가?"

"자네가 우리 처남 콧대를 납작하게 눌러주어서 아주 속이 시원하셨던 모양이야. 자네 배짱이 마음에 드셨대. 어떻게 해서든 자넬 집으로 다시 데려오라고 하시네."

결국 우리는 자니를 따라나설 수밖에 없었습니다. 부자들은 남의 시선이나 생각에 구애를 받지 않습니다. 상대적으로 가진 것이 부족하고 그다지 내세울 것 없는 나를 친구로 대하는데 있어서 그들은 전혀 남의 시선을 생각지 않았습니다. 물론 자니의 친구들인 백만장자들 역시 그런 것에 신경쓰는 눈치가 아니었습니다. 그때, 나는 부자들의 사고방식이 얼마나 힘이 있는지 이해하기 시작했습니다. 큰 사람은 큰 생각을 비웃지 않습니다.

나의 빈털터리 친구들은 나를 업신여기고 비웃는데, 백만장자들은 나를 친구로 받아주고 가능성이 있는 사람이라고 합니다. 어느 쪽 말을 들어야겠습니까? 여러분은 어느 쪽 사람들이 여러분에게 힘을 실어주길 바랍니까? 성공한 사람들이 여러분에게 힘을 주고 자기들과 같은 생활방식을 누릴 수 있게 도움을 주길 바랍니까? 아니면 빈털터리 친구들이 어떻게 하면 빈털터리가 되는지 가르쳐주기를 바랍니까?

승자들은 도전을 당당히 받아들입니다. 꿈을 먹고 살면서 도전을 즐기는 거죠. 누군가 '넌 못해' 라는 말을 하면, 대부분의 승자들은 착하고 조용하기 때문에 싸움을 하거나 그 자리에서 반박하지는 않습니다. 대신 밖으로 나가 꿈을 이루려고 더 노력하죠. 그런 다음 인생의 다음 목표를 향해 달려갑니다. 아시겠습니까? 이것이 바로 승자들의 대응방식이자 큰 차이를 만드는 비법입니다.

과거의 상처가 아니라 미래의 꿈으로 살아라

초등학교 시절, 어떤 못된 친구가 때렸을 때 눈물을 보이면 그 친구는 계속해서 괴롭힙니다. 이런 나쁜 녀석들이 여러분을 욕하도록 내버려두면 이미 게임은 끝난 겁니다. 아마도 만날 때마다 쫓아다니면서 괴롭힐 겁니다. 그것이 바로 사람의 심리이기 때문에 나는 어떤 나쁜 사람이 다른 사람을 괴롭힐 때마다 도와주려고 애를 씁니다. 맞은 사람에게 용기를 불어넣고 힘을 북돋워줍니다. 그가 싸움을 포기하면 자신의 가족과 아이들을 배신한 셈이라는 점을 가르쳐줍니다.

바로 지금이 여러분의 내면에 잠자고 있는 영웅을 깨울 유일한 기회입니다. 지금 나는 사람들이 포기하든 계속하든 모두 사랑합니다. 어떤 결정을 하든 나에게는 별 상관이 없으니까요. 그러나 그 결정 하나로 그들의 인생은 크게 바뀔 겁니다.

모든 승자들은 자신이 주기적으로 얻어맞는다는 것을 알고 있습니다. 그렇지만 그들은 아픈 상처를 움켜쥐고 계속 앞으로 나아갑니다. 사업이 커질수록 더욱 어처구니없는 일을 겪게 된다는 것도 알게 됩니다. 그래도 계속 나아갑니다. 그들은 과거의 상처로 사는 것이 아니라 미래의 꿈으로 살아갑니다.

그렇지만 안타깝게도 대부분의 사람들은 상처를 이겨내지 못하고 예전의 직업으로 돌아가고 맙니다. 포기하는 사람들, 그러니까 답은 찾았지만 전혀 성공하지 못한 사람들은 입만 현명하지 머리회전은 느린 사람들입니다.

99퍼센트의 사람들은 항상 내가 못하는 것을 지적합니다. 내가 할 수 있는 것을 지적해주는 사람은 거의 없었습니다. 심지어 내가 성공할 수 있다고 생각한 사람들마저 이런 말을 했습니다.

"덱스터야, 너처럼 말도 어눌하고 교육도 못 받은 사람이 설사 성공 한들 누가 너를 알아주겠니?"

승자가 승자를 알아줍니다. 패자는 결코 승자를 알아보지 못합니다. 그들은 늘 여러분이 실패할 것이라고만 합니다. "넌 실패자야. 절대 성공하지 못할 걸." 그럴 때는 얼굴을 똑바로 보면서 이렇게 생각하십시오.

'너야말로 성공하지 못할 걸. 난 절대 너 같은 사람은 되지 않겠어. 내가 실패할 거라고? 거울을 너무 많이 봐서 나도 저 같은 줄 아는 모양이지?'

크게 성공한 사람들은 "넌 실패자야. 넌 실패할 거야"라는 말을 절대로 하지 않습니다. 내가 아는 성공자들은 "자넨 할 수 있어. 자넨 꼭 성공할 수 있어"라고 말합니다.

성공에 쉬운 길은 없다

더 많은 것을 이뤄야겠다는 결심을 하는 그 순간부터 누군가가 여러분의 꿈을 훔치려 할 겁니다. 여러분이 틀렸다고 할 겁니다. 하지만 잊지 마십시오. 비판을 두려워하면 아무것도 못하고 생을 마감하게 됩니다. 빛나는 자리를 원한다면, 그 자리로 가는 길에 물집도 좀 생기고 얼굴에 모래를 뿌리는 사람도 있을 것임을 각오해야 합니다. 비난은 여러분이 옳은 일을 하고 있다는 확신이 있을 때는 오히려 칭찬이 됩니다.

성공에 쉬운 길은 없습니다.

성공하고 싶다면 얻어맞고도 쓰러지지 않는 법을 배워야 합니다.

진정한 성공은 여러분이 강해졌을 때 얻어집니다. 여러분을 비웃는 사람 때문에 꿈을 포기한다면 다른 일은 또 다른 이유 때문에 그만두지 않겠습니까? 여러분을 비웃는 사람은 항상 있습니다. 그냥 실컷 비웃으라고 내버려두십시오. 여러분은 승리하겠다는 각오를 다지고 앞으로 나아가기만 하면 됩니다. 이것은 내 경험담입니다.

중요한 건 비평가가 아니다. 강한 사람이 어떻게 흔들렸는지 지적해내는 사람이 아니다. '이렇게 하면 더 잘할 수 있었는데'라는 말을 하는 사람이 아니다. 정말로 박수를 받아야 할 사람은 현실에 뒹구는 사람이다. 피범벅이 된 얼굴로 용감하게 싸우는 사람, 넘어지고 또 넘어지면서도 위대한 열정으로 가치있는 일에 헌신하는 사람이다. 이런 사람들은 결국 위대한 성공의 열매를 맛보게 되고, 설사 그러지 못해도 용감하게 도전하다 패배했기 때문에 승리도 패배도 모르는 냉소적이고 소심한 영혼들과는 결코 자리를 같이하지 않는다. - 테오도르 루즈벨트

기억하라! 등 뒤에 욕을 하는 사람이 있다면 그들보다 두 걸음 앞서 있다는 뜻이다.
- 패니 플래그

/ PURSUIT /
Success is hidden in the journey.

Success is Hidden In the Journey.

10

10장 / **죽은 지식이 아니라
산 경험에 집중하라**

> 경험을 가진 사람은 이론만 아는 사람에게
> 결코 좋은 말을 들을 수 없다. - 덱스터 예거

바른 교육의 의미를 제대로 이해하는 것은 매우 중요합니다. 그렇다고 교육을 반대하는 것은 아니지만, 나쁜 교육은 반대합니다. 정규교육 시스템과 대학에서 배우는 내용 중 상당수가 나쁜 교육입니다. 사회에 나오자마자 또 다시 실무과정을 익히기 위해 시간, 돈, 노력을 투자해야 한다는 것 자체가 교육시스템에 문제가 많다는 것을 증명합니다. 학교에서는 경험을 가르치지 않는 것입니다.

지식으로 배운 뒤, 경험으로 터득하라

지식의 가치는 얼마나 될까요? 지식은 너무 소중해서 그 가치를 매길 수 없을 정도입니다. 세상에서 가장 바보는 증명된 지식의 가치를 이해하지 못하는 사람입니다. 여러분 분야에서 백만장자가 된 사람에게 따지고 들지 마십시오. 그는 입증된 챔피언입니다.

자기 앞에 놓인 장애물 하나 못 치우는 사람들에게 꿈 이야기를 하는 것은 쉽지 않습니다. 그들은 오래된 가구에 자기 집도 없이 살면서도 자신이 다 안다고 생각합니다. 그런 사람한테 '그렇게 똑똑한데 왜 부자가 못 되었느냐?'고 따질 수야 없죠. 그들을 사랑하면서 조금씩 나아갈 수 있도록 도와주십시오. 한 번에 한 걸음씩 나아가면 그들도 신념을 갖게 될 겁니다.

나는 사람들을 내 사업에 참여시키기 위해 설득하지 않습니다. 단지 사실만 말할 뿐입니다. 사람들이 그것마저도 싫어하면 승자가 될 다른 사람을 찾아갑니다. 나에게는 패자와 이러쿵저러쿵 얘기할 시간이 없습니다. 물론 처음 사업을 시작해서 내가 아직 미숙했을 때는 어리석은 사람들과 마주앉아 밤새도록 설득하곤 했죠. 이젠 "그렇게 생각하신다니 할 수 없군요"라고 말을 맺습니다. 그러나 욕심이 있고 실천할 의지가 있는 사람에게는 그런 말을 하지 않습니다. 나는 성장하고 있고 계속 성장하기를 바라는 사람과 밤새 토론할 준비가 되어 있습니다. 그럴만한 가치가 있는 사람이니까요.

자신을 던질 의지를 보여준 사람에게는 설득을 통해 내 의견을 관철시킵니다. 그래야 나머지 인생을 낭비하지 않을 테니까요. 이 점을 이해하는 것은 매우 중요합니다.

나는 좀 심하다 싶을 정도로 "정말로 중요한 것은 지식으로 배운 뒤, 경험으로 아는 것이다"라는 속담을 강조합니다. 나는 시간을 그냥 흘려버리는 것, 아무것도 배우지 않고 시간을 낭비하는 것을 못 참을 만큼 싫어합니다. 내 주변사람들은 내가 시간이 나면 무엇이라도 읽거나 써야 한다는 것을 압니다.

사실, 난 모든 사람으로부터 배우려고 합니다. 어떤 사람에게는 해야 할 일을 배우고, 다른 사람에게는 하지 말아야 할 일을 배웁니다. 가장 위대한 스승 중 하나가 다른 사람들의 경험입니다. 다른 사람들의 실수로부터 배우십시오. 아무리 오래 살아도 스스로 모든 실수를 해볼 수는 없으니까요.

경험을 통해 영역을 넓히고 또 넓혀라

대학이 우리 인생에서 꼭 필요한 것이고 또한 그것이 그렇게 대단한 존재라면 오늘날 왜 수많은 대학이 재정압박에 시달리는 걸까요? 그것은 학생들을 대부호로 키워내지 못해 기부금을 못 받아서 그런 것 아닙니까? 대학은 살아남기 위해 정부보조금이나 바라고 있습니다.

경험은 얼마나 중요할까요? 소위 명문대의 경우, 1년 등록금이 3만 달러 정도 됩니다. 그래도 이 책에서 가르쳐주는 내용을 대학교육에서는 배울 수 없습니다. 누가 바가지를 쓰는 겁니까? 빈민촌 뒷골목 출신에, 학교도 간신히 졸업한 말더듬이가 오늘날의 내가 되기까지 나는 나를 바꾸고 또 바꾸었습니다. 꿈을 꾸고 또 꾸었습니다. 내 영역을 넓히고 또 넓혔습니다. 한 걸음 내디딜 때마다 입증된 지식을 모았습니다.

나는 세상을 따라가지 않았습니다. 오히려 세상이 나를 따라오게 만들었습니다. 여러분은 세상이 여러분을 따라오도록 하겠습니까? 아니면 세상을 따라가겠습니까? 자기가 어디로 가는지도 모르는 사람을 따라가겠습니까? 아니면 자기가 어디로 가는지도 모르는 사람을 바른 길로 인도하겠습니까?

언젠가 새로 사업에 뛰어든 사람과 자리를 함께할 기회가 있었습니다. 대학에 들어가기 전 그는 자영업시스템에 흠뻑 빠져있었지만, 대학을 졸업한 후에는 사회주의자가 되어 있었습니다. 그러더니 그는 자기 아버지가 18년 동안 이룩한 사업을 단 4년 만에 무너뜨리고 말았습니다. 그는 나를 찾아와 심각하게 고민을 털어놓았습니다.

"덱스터 씨, 뭔가 잘못되어 가고 있다는 생각이 듭니다. 얘기 좀 하고 싶은데요. 이건 왜 이렇죠? 저건 왜 저렇죠?"

그제야 논쟁다운 논쟁을 할 마음이 생긴 겁니다. 동시에 그는 처음으로 남의 얘기를 경청하게 되었지요. 훗날 그는 이렇게 말하더군요.

"그날 당신과 함께한 시간이 저에게는 백만 달러 이상의 가치가 있었습니다. 저는 계속 망하는 길로 가고 있는 줄도 몰랐거든요. 직함도 있고 그럴싸한 생활도 하고 있었지만, 기본을 몰랐던 거죠. 그래도 왜 그런지 몰랐습니다. '왜' 라는 기본이 안 되어 있으면 누구나 자신이 쌓은 성을 무너뜨릴 수 있지요."

졸업장 외에 뭐가 남았는가!

자영업시스템이 어떻게 돌아가는지 알면 알수록 소위 '교육' 을 받고 자랐다는 사람들에게 해답을 제시할 수 있습니다. 물론 교육도 해답이 되지만, 그것은 제대로 된 교육이어야 합니다.

단순히 졸업장을 손에 넣는다고 답이 나오지는 않습니다. 종이 한 장만 가지고 사회적인 위치가 결정되는 교육시스템은 잘못되어도 한참 잘못된 것입니다. 생산과 성공의 바탕이 되는 지식을 가진 것과 학위를 따는 것은 다릅니다.

쉽게 말해 여러분이 '머리' 를 써서 옆 사람을 앞지를 수 있는 교육을 받았다면 그것은 충분한 가치가 있는 교육입니다. 그러나 달랑 졸업장 하나만 남고 머릿속에 아무것도 안 남았다면 아무것도 못 배운 것입니다.

대학교육이 여러분의 발목을 잡도록 하겠습니까? 아니면 득이 되도록 하겠습니까? 대학은 여러 사람이 모여 여러 가지 학문을 배우는 곳입니다. 그렇다고 그들이 특별히 뭔가를 더 안다는 뜻은 아닙니다. 여러분은 실전을 통해 생산으로 이어지는 경험을 쌓기 전까지는 진정한 지식을 체득한 게 아닙니다.

오래 전에 유명잡지사 중 하나가 헨리 포드가 바보라는 기사를 실었습니다. 그래서 헨리 포드는 명예훼손죄로 고소를 했지요. 잡지사는 법정에서 헨리 포드가 읽지도 쓰지도 못하는 문맹이니 바보가 맞다고 주장했습니다. 그리고는 그야말로 단순지식에 불과한 이런저런 내용을 질문하면서 포드를 몰아세우며 거의 초죽음상태로 만들어놓았습니다.

재판이 반쯤 진행되었을 때, 헨리 포드가 변호사 쪽으로 고개를 돌리고 이렇게 말했습니다.

"좋습니다. 제가 읽지도 쓰지도 못한다고 칩시다. 그래도 변호사님한테 충분한 돈을 지불할 수 있어서 변호사님이 제 대신 읽고 쓰는 일을 해주시는데 그럼 누가 바보입니까?"

파산한 경제학 교수만큼 슬픈 존재는 없습니다. 가난에서 벗어나지 못하는 경제학 학도처럼 슬픈 존재도 없습니다. 어느 날, 내 딸이 경제학 수업을 듣고 오더니 이렇게 말하더군요.

"아빠, 그 경제학 교수의 강의는 도저히 들어줄 만한 수준이 아니었어요. 뭐든 아빠랑 반대로 말하는데다 파산까지 했지 뭐예요. 저는 돈이 필요하지 학위가 필요한 게 아니에요. 평생 공부만 한 사람 밑에서 아무리 오래 배워보았자, 인생에서 성공한 사람한테 한 시간 안에 배우는 걸 못 배워요."

안타깝게도 이런 일이 비일비재합니다.

성공자의 경험을 배워라

세상에는 지금도 나를 이해하지 못하고 또한 앞으로도 절대로 이해하지 못할 사람들이 있습니다. 왜 그런지 아십니까? 나를 공부하지 않기 때문입니다. 나를 알고 싶다면 나에 대해 공부하십시오. 행복한 결혼생활을 하고 싶습니까? 그렇다면 여러분의 아내, 남편에 대해 공부하십시오. 배우자를 바꾸려하지 말고 여러분 스스로를 바꾸십시오. 그러기 위해서는 배우자에 대해 알아야 합니다.

누구나 생활방식을 바꾸고 싶어합니다. 누구나 쪼들리는 생활을 바꾸고 싶어합니다. 그러면서도 자신을 바꾸려고 하지 않습니다. 필요한 일이 있다면 그것이 무엇이든 할 줄 아는 사람이 되어야 합니다.

누군가 모범이 되는 성공모델을 찾고 있다면 정상으로 가고 있는 사람을 찾으십시오. 만약 운동을 하러 체육관에 간다면, 강사의 학위를 볼 필요가 없습니다. 단지 강사만 보면 됩니다. 그의 키가 120센티미터여도 근육으로 다져진 몸이라면 '이 사람은 운동이 뭔지 아는군'이라는 생각이 들 겁니다. 반면, 180센티미터일지라도 약골이라면 "이 기구를 어떻게 사용하는지 말씀드리죠"라는 말을 해도 귀에 들어오지 않을 겁니다.

이것은 재정적인 성공에서도 마찬가집니다. 재정적 자유를 원한다면 현재 재정적으로 자유로운 사람에게서 배우십시오.

성공자는 남의 말을 듣고 배웁니다. 신념에 따라 사는 법과 다른 사람들의 조소 속에서도 살아남는 법을 배웁니다. 그리고 원하는 라이프스타일을 보고 목적을 봅니다. 더 나아가 사람들에게 자신만의 독창적인 서비스를 줄 수 있다는 것을 보고 거기에 자신의 모든 것을 겁니다.

여러분보다 성공한 사람들 앞에서는 아는 것이 있어도 말을 아끼십시오. 최근에 엄청나게 큰 농어 박제 밑에서 이런 글을 보았습니다.

"입만 다물고 있었으면 여기 걸리는 일은 없었을 것을!"

논쟁을 시작하면 듣기가 어렵습니다. 너무 말을 많이 하면 제대로 들리지 않습니다. 그리고 제대로 들을 수 없다면 배울 수도 없습니다.

실수로부터 배우는 법을 배워야 한다

학위에 목숨 걸지 마십시오. 대신 경험에 목을 매십시오. 주변에서 소위 똑똑하다는 멍청이들이 여러분을 어리석다 놀려도 기분 상하지 마십시오. 사람들은 아인슈타인에게도 바보라고 놀렸습니다. 여러분도 학교에서 가르치는 상대방을 제압한 사람들의 이야기는 얼마든지 읽을 수 있습니다. 그 사람들은 역사를 바꾸었죠.

여러분은 먼저 여러분 자신의 역사부터 바꾸십시오. 경험을 통해 여러분의 역사를 하나하나 쌓아올리십시오. 그렇다면 경험은 어떻게 쌓아야할까요? 경험은 실수를 하거나 직접 해봄으로써 쌓는 겁니다. 물론 운이 좋아 모든 것이 술술 풀릴 때도 있습니다. 잘한 실수든 못한 실수든 실수에서 배우는 법을 배워야 합니다.

경험은 승자와 패자를 가르는 열쇠입니다.

다른 사람이 '이럴 거야'라고 한 말이 중요한 게 아니라, 여러분이 경험을 통해 체득해서 얻은 것이 중요합니다.

아이를 대학에 보낼 수는 있지만 생각하게 할 수는 없다.
- 앨버트 허버트

못 가진 것 때문에 안달하는 것은 가진 것을 낭비하는 것과 같다.
- 켄 케예즈 주니어

/ PURSUIT /
Success is hidden in the journey.

Success is Hidden In the Journey.

11

11장 / **멘토**와 제자

> 내가 다른 사람들보다 멀리 보았다면 그건 내가
> 거인의 어깨 위에 서 있었기 때문이다. - 아이작 뉴튼

성공하고 싶다면 나가서 멘토를 찾으십시오.

어느 날 헬스클럽에서 게리라는 남자와 이야기를 하고 있었습니다. 게리는 쉰한 살로 20년 동안 보디빌딩을 했다고 했습니다. 그래서 그런지 나보다는 근육이 낫더군요. 멋진 몸을 만들고 싶다면, 그런 몸을 만들 수 있는 방법을 가르쳐줄 사람을 찾아야 합니다. 내 트레이너가 한 가지 조언을 하더군요.

"트레이너를 보세요. 당신이 원하는 그런 몸이 아니라면, 그 사람에게 배우면 안 됩니다."

멘토가 누구인지 알아보십시오. 누구를 여러분의 머릿속에 들이겠습니까?

멘토를 잘 선택하십시오. 오랫동안 성공한 사람 중에서 찾아야 합니다. 여러분은 목표가 있고, 그 목표까지 뻗어갈 수 있도록 도와줄 누군가가 필요합니다.

내 삶에 엄청난 영향을 미친 마이크 머독의 책은 지식의 보고로,

나는 그의 책을 읽고 또 읽었습니다. 그는 자신의 책 『솔로몬의 지혜서 1』에서 멘토와 제자간의 관계를 그 누구보다 정확하게 정의해 놓았습니다. 너무 귀중한 내용이라 그중 몇 페이지를 부분적으로 인용하겠습니다.

"멘토란 신뢰를 얻은 선생이다. 살면서 여러 선생을 만날 것이다.
지혜는 인생의 성공을 좌우한다. 지혜를 받는 데는 두 가지 길이 있다. 하나는 실수고 다른 하나는 멘토다.
특별한 멘토는 가난과 번영, 하락과 상승, 상실과 얻음, 고통과 기쁨, 쇠락과 회복의 차이를 만든다.
특별한 멘토는 제자의 성공을 열어주는 성공열쇠다.
특별한 멘토는 관계를 통해 지혜를 전수한다.
특별한 멘토는 여러분의 발전을 담보한다.
특별한 멘토는 여러분의 부를 좌우한다.
특별한 멘토는 여러분 적의 손발을 묶는다.
특별한 멘토는 유력 인사들이 여러분 말에 귀 기울이게 한다.
특별한 멘토는 여러분이 자신을 따르기를 요구한다. 그는 여러분의 지식을 필요로 하지 않는다. 여러분이 그가 아는 것을 알아야 한다.
특별한 멘토는 여러분의 호감을 얻는 것보다 여러분의 성공에 더 관심을 갖는다. 그의 초점은 여러분에게 박수를 쳐주기보다 여러분을 교정해주는데 있다.
특별한 멘토가 항상 최고의 친구는 아니다. 좋은 친구는 여러분의 지금 모습 그대로를 사랑한다. 그러나 여러분의 멘토는 여러분을 너무 사랑한 나머지 지금 그대로의 모습으로 방치할 수 없는 사람이다.

특별한 멘토는 여러분이 보지 못한 것을 본다. 여러분이 약점으로 고통을 받기 전에 그 약점을 보는 사람이 멘토다. 그는 적이 여러분을 알아보기 전에 먼저 적을 알아본다.

특별한 멘토는 제자의 적의 적이 된다.

특별한 멘토는 특별한 제자를 만든다.

특별한 제자는 특별한 멘토의 상담을 따른다.

특별한 제자는 멘토에게 자신의 비밀과 꿈을 드러낸다.

특별한 제자는 자신의 실수와 고통을 멘토에게 자유롭게 이야기한다.

특별한 제자는 자신의 기대수준을 멘토에게 명확히 밝힌다.

특별한 제자는 감사의 씨앗을 멘토의 삶에 다시 뿌린다.

특별한 제자는 결국 자신이 모시던 멘토의 망토를 받는다.

특별한 제자는 특별한 공격을 받으면 멘토의 피난처로 온다.

특별한 제자는 멘토와의 시간을 위해 자신의 일정을 변경한다.

특별한 제자는 자신의 삶을 위해 멘토 안의 해답을 알아보고 존경하고 따르는 사람이다."

믿을만한 멘토를 찾아라

나는 플로리다 스튜어트에 있는 집에 가면 헬스클럽으로 운동을 하러 갑니다. 그곳에서 미스터 플로리다에 네 번이나 뽑힌 데이빗이란 트레이너에게 배웁니다. 그는 나이가 쉰 살이면서도 몸집이 얼마나 탄탄한지 165센티미터의 키에 몸무게가 95킬로그램입니다. 마치 바윗덩어리처럼 온몸이 근육입니다.

몸무게는 108킬로그램일지라도 살찐 비곗덩어리 비슷한 나는 그 사람의 반만이라도 됐으면 좋겠다는 생각을 했습니다. 그래서 36킬로그램을 빼겠다는 목표를 세우고 그것을 6개월 만에 해냈습니다. 4년 동안 트레이닝 프로그램에도 참여하고 이것저것 기구도 바꿔보고 운동하는 법도 배워 제법 그럴싸한 몸이 되어간다 싶을 때 데이빗을 개인 트레이너로 고용했죠.

그때부터 지금까지 4년 동안 함께 운동을 하고 있습니다. 물론 아직까지 나는 데이빗 같은 근육질의 몸매는 따라가지 못하고 있습니다.

내가 어쩌다 108킬로그램까지 가게 되었을까요? 뭐가 잘못되었을까요? 나는 먼저 55년간의 어리석음을 버려야 했습니다. 우습게도 나는 헬스클럽에 가서 시간당 75달러를 주고 트레이너로 하여금 내가 싫어하는 일을 시키도록 합니다. 그리고는 하라는 대로 다 하지요. 바로 그 점이 중요합니다. 멘토를 철저히 믿고 아무리 싫어하는 일을 시킬지라도 해내는 것 말입니다.

먼저 여러분이 신뢰할 수 있는 멘토를 찾으십시오. 그리고 그로부터 배울 수 있는 것은 다 배우십시오. 그 사람이 가르치는 것을 실제로 알고 있는지 확인해보고 가르치는 대로 따르십시오. 물론 의문이 나면 질문을 해야 합니다.

알고 싶다면 그것을 아는 사람을 찾으십시오. 나는 내가 원하는 것을 가진 사람을 보면 그것을 어떻게 얻었는지 묻습니다. 하루아침에 기적이 일어나기를 바라서는 안 됩니다.

높이 올라갈수록 다른 사람들에게 더 많이 의지하게 된다

여러분은 여러분을 추락하게 할 사람이 아니라, 성장시켜줄 사람이 필요합니다. 여러분에게 할 수 있다는 믿음이 부족하기 때문에 여러분이 좀더 잘할 수 있도록 만들어줄 사람이 필요합니다. 멘토가 그 일을 해야 합니다. 주변을 성공한 사람들, 믿을만한 사람들, 해내는 사람들로 가득 채우십시오. 이기고 싶다면 이기는 방법을 가르쳐줄 멘토를 찾는 법을 배워야 합니다.

유능한 사람 뒤에는 다른 유능한 사람들이 있습니다. 그들과 함께 일하십시오. 사람들과 관계를 형성하지 못하면 결코 지속적인 성공을 경험할 수 없습니다. 혼자서는 아무리 노력해도 제대로 된 팀의 협력을 따라갈 수 없습니다.

올바른 멘토가 있으면 유력한 사람들도 여러분의 말에 귀를 기울입니다. 이런 경우를 얼마나 많이 보아왔는지 이루 말할 수 없을 정도입니다. 멘토가 가난과 번영을 좌우하는 경우가 너무 많습니다.

'자수성가'란 존재하지 않습니다. 우리는 모두 수천 명의 도움을 받으며 살아갑니다. 우리에게 친절을 베풀고 격려의 말 한 마디를 해준 사람은 모두 우리의 인격과 사고와 성공을 이루는데 기여한 것입니다. 조지 매튜 아담스는 이렇게 말했습니다.

"나는 나의 머리만 쓰는 것이 아니라, 내가 빌릴 수 있는 머리도 쓴다."

자만심에 가득찬 사람은 이미 목적지에 도달했다고 생각하기 때문에 아무데도 가지 못합니다. 자신이 얼마나 어리석은지 안다면 여러분은 똑똑한 겁니다. 자신의 약점과 강점을 안다면 진정 똑똑한 겁니다. 자신의 약점을 모른다면 정말 바보입니다.

위로 올라갈수록 다른 사람들에게 더 많이 의지하게 됩니다. 위대한 사람은 모두 남의 도움을 받습니다. 누구나 도움이 필요합니다. 최고에게 배우고 나머지는 흘려버리십시오.

함께 저녁식사를 해도 어떤 사람과 함께 있으면 시간을 낭비한 것 같고, 어떤 사람과 있으면 시간을 투자한 것 같습니다. 올바른 멘토를 만나 자신의 삶을 건강하게 만드는 사람이 현명한 사람입니다.

성공은 우리가 생각하는 자신의 모습을 끌어올리는 것에서 시작된다.
– 덱스터 예거

되고 싶은 사람의 모습에 자신의 현재 모습을 투영하라.
– 에드가 게스트

/PURSUIT/
Success is hidden in the journey.

Success is Hidden In the Journey.

12장 / 중요한 것 중에서도 가장 **중요**한 것

중요한 일에 우선순위를 두어라. - 무명씨

나는 일을 유연하게 처리하는 편이지만, 한 가지 분명한 규칙이 있습니다. 그것은 중요한 일을 중요시하고 사소한 일을 사소하게 여긴다는 겁니다. 사소한 일에 목숨을 걸거나 중요한 일을 경시하는 법이 없습니다. 중요한 일이면 당장 처리합니다. 그리고 사소한 일은 잊어버립니다.

문제가 아니라 해결책에 목숨을 걸어라

우리는 이제 어떻게 하면 인생의 중요한 부분을 선택하여 생산성을 높일 수 있을 것인지 그 방법을 배워야 합니다. 또한 우리 스스로 자부심을 갖는 것은 물론 다른 사람들도 우리를 자랑스러워할 수 있도록 하는 방법에 대해서도 알아야 합니다.

문제가 있다면 그것을 없애버리십시오. 문제를 해결하십시오. 중요한 것은 문제에 얽매이지 않아야 한다는 것입니다. 많은 사람들이 해결책을 찾기보다 문제에 얽매여 있습니다. 나는 해결책에 목숨을 걸지 문제에 목숨을 걸지 않습니다. 내가 문제와 씨름하는 때가 있다면, 그것은 해결책을 찾느라 골몰할 때뿐입니다.

여러분의 문제가 무엇인지 말해보십시오. 내가 해결책을 알려드리겠습니다. 나는 스스로 해결책을 찾아왔기 때문에 여러분이 가진 문제 중에서 안 겪어본 문제가 없습니다. 살다보니, 문제를 만드는 사람은 따로 있더군요. 만약 어떤 사람이 생전 처음 보는 문제 열다섯 개를 제기한다면, 그 문제는 아마도 억지로 쥐어짜낸 문제일 겁니다.

진정한 승자에게는 분명한 원칙과 선이 있습니다. 그들은 보통 "이건 이렇게 하는 거야. 이 정도면 충분해. 이건 여기서 그만! 더 이상 다른 말은 필요없어"라고 말합니다. 정말로 선이 분명하죠. 내가 가장 좋아하는 말은 "좋아, 됐어. 그만해"입니다.

인생을 어떻게 보낼 것인가는 마음이 결정한다

중요한 것 중에서도 가장 중요한 것을 꼽는 것, 그것은 우선순위의 문제입니다. 아마도 여러분은 나름대로 자신의 인생에서 가장 중요한 것이 무엇인지 알고 있을 겁니다.

성공의 중요한 열쇠는 할 수 있는 것보다 더 많은 일을 마음에 담고 해야 할 일을 빨리 시작하는 것입니다. 작은 일로 허우적대지 말고 이제는 중요한 일에 집중하십시오. 직장인 중 95퍼센트는 자신이 가진 전체시간의 95퍼센트를 사소한 일에 쓴다고 합니다.

리더들은 보통 여러분이 생각하는 것보다 훨씬 사소한 일에서 실수를 많이 합니다. 그것은 감당할 수 있는 것보다 훨씬 많은 일을 마음에 담고 그중에서 중요한 일만 하기 때문에, 사소한 일을 제대로 못하는 것처럼 보이는 것입니다. 여러분은 그런 모습을 보면서 흔히 '어떻게 저런 사람을 따를 수 있어?'라고 생각하죠.

중요한 일을 중시하는 법을 배우십시오.

사소한 일이 중요한 일이 되면, 하는 것은 많은데 잘하는 것은 아무것도 없는 상태가 됩니다. 일을 줄임으로써 더 많은 일을 하십시오. 우선순위가 낮은 일은 가능한 한 다른 사람에게 맡기거나 단순화하거나 아예 없애십시오. 제임스 리터는 이렇게 말했습니다.

"집으로 가져가는 생각 하나가 직장에 두고 온 생각 세 개보다 낫다."

마음을 어디에 두었느냐가 인생을 어떻게 보낼 것인가를 결정합니다. 칼 샌드버그는 "여기로 가겠다면서 동시에 저기도 가겠다고 하는 사람은 아무데도 못 간다"고 했습니다. 정말로 중요한 것에 마음을 집중하십시오.

운명을 결정짓는 'Yes'와 'No'

결과를 내려면 집중해야 합니다. 성장과 성공의 열쇠 중 이것만큼 사람들이 간과하는 것도 드뭅니다. 물론 여기저기에 손을 조금씩이라도 대보고 싶은 욕심은 누구에게나 있습니다. 하지만 그러한 유혹에 진다면, 즉 어느 하나에 집중하지 않는다면 평화도 생산성도 얻을 수 없습니다.

> ⇨ "우리의 호기심을 자극하는 모든 것을 알아볼 시간은 없다. 우리는 일상적인 걱정거리나 다른 사람들이 관심을 가져야한다고 해서 관심을 가졌던 문제에 낭비할 시간이 없다." - 알렉 워

살다보면 좋은 아이디어도 'No'라고 거절해야 할 때가 있습니다. 사실, 성장할수록 더 많은 기회에 대해 'No'라고 거절하게 됩니다. 'Yes'와 'No'는 여러분이 하는 말 중에서 가장 중요한 말입니다. 그것은 인생의 운명을 결정짓는 말입니다. 이 말을 언제, 어떻게 하느냐에 따라 미래가 바뀌기 때문입니다.

중요한 일에 집중하기로 결심하십시오.

제1원칙, 작은 일에 땀 흘리지 마라. 제2원칙, 모든 것이 작은 일이다.
- 로버트 엘리엇

무의미한 다수와 중요한 소수를 구별할 수 없다면, 그들이 하는 말은 모두 소음일 뿐이다. - 무명씨

모든 것이 우선순위라면 아무것도 우선순위가 아닌 것이다. - 스티븐 코비

/ PURSUIT /
Success is hidden in the journey.

Success is Hidden In the Journey.

13

13장 / 하라! 성공의 90퍼센트는 **시작**에 달려있다

chapter 13

우리는 힘이나 능력, 기회가 더 필요한 것이 아니다.
우리가 써야 할 것은 이미 우리가 가지고 있다. - 바질 월쉬

언제부터인가 어떤 자리에 참석하는 것, 출석하는 것이 중요하다는 생각이 듭니다. 내가 어떤 상황이든 거기에 있다는 것이 중요합니다. 그 자리에 있다는 것은 중요하지 않은 사람에서 중요한 사람으로, 평범한 사람에서 비범한 사람이 된다는 뜻입니다.

지금의 자리에서 할 수 있는 일을 찾아라

많은 사람들이 안고 있는 문제 중 하나는 '할 수 있다' 라고 생각한 다음, 할 수 있는 이유를 찾지 않고 할 수 없는 변명만 늘어놓는다는 것입니다. 하겠다는 결심을 할 때, 삶이 어떻게 바뀌는지 보십시오.

여러분은 이미 뭔가를 시작하기 위한 모든 준비를 마쳤습니다. 그러므로 현재 그대로의 모습으로 밖에 나가 시작하기만 하면 됩니다. 좀더 시간을 만들 필요도 없고 좀더 능력을 쌓아야 하는 것도 아닙니다. 일단 시작 하십시오.

▷ "나는 아주 단순한 철학을 가지고 있다. 빈 것은 채운다. 찬 것은 비운다. 가려운 곳은 긁는다." - 앨리스 루즈벨트

아무리 커다란 일일지라도 그것은 사소한 것으로부터 시작됩니다. 위대한 일이 하루아침에 이루어진 예는 없습니다. 그러므로 '내가 할 수 있는 일은 이렇게 작은 일 뿐이야' 라는 생각으로 아무것도 하지 않기로 결정해서는 안 됩니다. 이런 결정이야말로 사소해 보이지만, 아주 중요한 결정입니다.

여러분이 할 수 있는 일은 많습니다. 굳이 할 수 없는 일을 할 수 있게 해달라고 바라지 마십시오. 대신, 할 수 있는 일을 생각해보십시오. 지금의 자리에 오른 모든 사람들은 과거의 자리에서 시작해야 했습니다. 천 명 중, 단 한 명만이 현재를 사는 진정한 방법을 알고 있다고 합니다. 이는 대다수의 사람들이 자신이 가진 것은 생각하지 않고, 모자란 것만 생각한다는 것을 의미합니다.

사람들은 항상 자신이 할 수 있는 일은 무시하고, 할 수 없는 일을 하려고 합니다. 새로운 것을 배워봤자 이미 가진 것도 못 쓰는 사람에게는 도움이 되지 않습니다. 성공이란 가진 것을 가지고 최선의 것을 이뤄내는 것을 의미합니다.

뭔가 다른 일, 재미있는 일을 할 기회가 있으면 두려워하거나 망설이지 말고 나서십시오. 두려움의 세계에 살든 믿음의 세계에 살든 둘 중 하나 아닙니까? 오늘 세상이 어디쯤 와 있는지 궁금하다면 미래는 두려움의 세계가 아니라 믿음의 세계에 있다는 것을 기억하십시오.

미루지 마라

내가 들은 조언 중 가장 훌륭한 것은 바로 "뭐라도 좀 해라!"입니다.

성공하는데 필요한 용기는 '시작하는 용기' 뿐입니다. 이런 용기가 몽상가와 성공자를 가릅니다. 어떤 여정에서든 시작이 가장 중요합니다. 성공의 90퍼센트는 어쨌든 시작하는 것에 달려있습니다. 물론 실패해서 실망할 수도 있겠지만, 노력조차 안 해본다면 어차피 실패는 정해진 것 아닙니까?

어디로 가고 싶은지 머릿속으로만 아는 것과 발걸음을 직접 옮기는 것은 차원이 다릅니다. 한 걸음 한 걸음 옮기는 희열을 맛보십시오. 이기기 위해서는 시작해야 합니다.

"지금 행동하지 않으면 결국 어떤 대가를 치르게 될까?"라고 자문해 보십시오. 내일, 내일 하고 미루던 사람이 결정을 할 때쯤이면 기회는 이미 지나가 버리고 없습니다. 에드윈 막쿰은 "할 일이 문을 두드릴 때는 얼른 안으로 들여라. 할 일을 기다리게 하면 다른 일 일곱을 데리고 네 문을 두드릴 것이다"라고 했습니다.

모든 조건이 완벽해질 때까지 행동을 미루는 사람은 아무것도 못합니다. "끝나지 않은 일을 영원히 붙들고 있는 것만큼 피곤한 것도 없다"는 속담을 기억하십시오. 미룬다는 것은 기회를 사장시키는 것과 같습니다. '내일 무엇을 할 것이다'라고 떠드는 사람은 어제도 같은 말만 했을 겁니다. 지미 라이언즈는 "내일은 게으른 사람에게만 멋있어 보이는 날이다"라고 했습니다.

할 일 없이 시간을 죽이지 마십시오. 그것은 타살이 아니라 자살입니다. 사람의 마음을 흐리는 것에는 두 가지가 있는데, 그것은 끝나지 않은 일과 아직 시작하지 않은 일입니다. 미루지 마십시오.

내일은 없습니다. 그것은 단지 게으른 자의 달력에만 존재할 뿐입니다.

> 내가 한 일이라고는 매일 일하러 간 것뿐이다. - 리치 디보스

/ PURSUIT /
Success is hidden in the journey.

Success is Hidden In the Journey.

14

14장 / **끈기**의 에너지를 발산하라

**성공하고 싶다면 지금 하는 일을
사랑하는 법을 배워라.** - 덱스터 예거

어느 젊은이가 나이 지긋한 현자를 찾아와 물었습니다.
"제가 어떻게 하면 세상에서 이름을 얻고 성공할 수 있을까요?"
위대한 현자는 이렇게 말했습니다.
"자네가 원하는 것이 무엇인지 결정하고 한우물만 파면 되네. 얼마가 걸리든 그 길이 얼마나 험하든 원하는 것을 이룰 때까지 길에서 벗어나지 말게."

성공은 다른 사람들이 포기한 다음에도 얼마나 더 오래 붙잡고 있느냐의 문제인 것 같습니다.

해야 할 일을 안다면 끝까지 하라

삶의 기본은 꿈을 크게 키우고 무의식 속에 성공의 씨앗을 뿌린 다음 포기하지 않고 끝까지 가는 겁니다. 혹시 살면서 '그건 내가 남보다 정말 잘했다'는 생각이 들었던 적이 있습니까? 그게 무엇이었습니까? 어떻게 그렇게 할 수 있었나요? 분명 그 일만 생각하며 먹고 자고 살았을 겁니다. 다른 어떤 일에도 눈을 돌리지 않았을 겁니다.

▷ "불독의 코가 뒤로 젖혀져 있는 것은 날숨을 쉬지 않고 계속 들숨만 쉴 수 있도록 하기 위해서다." - 윈스턴 처칠

많은 사람들이 꿈을 향한 열정에 인내와 끈기, 인고를 보태야한다는 것을 잊곤 합니다. 끈기가 있는 사람들은 다른 사람들이 그만두는 시점에서 성공하기 시작합니다. 사실, 사람들은 실패하는 것이 아니라 너무 쉽게 포기하는 겁니다.

배가 난파해서 섬에 조난당한 두 사람이 있었습니다. 뭍에 도착하자마자 둘 중 한 사람이 펄쩍펄쩍 뛰면서 고함을 질러대기 시작했습니다.

"우린 죽을 거야! 우린 죽을 거야! 식량도 없고 물도 없어! 우린 죽을 거야!"

두 번째 사람은 야자수 나무에 태연히 기대서서 무슨 일이 있었냐는 듯이 행동했습니다. 고래고래 소리를 지르던 사람이 그 모습을 보더니 거의 미칠 듯한 목소리로 말했습니다.

"사태 파악이 안 돼? 우린 죽을 거라고!"

두 번째 사람이 대답했습니다. "사태 파악이 안 되는 건 자네지. 난 한 달에 십만 달러를 번다고."

소리를 지르던 사람은 어리둥절한 표정으로 두 번째 사람을 보면서 물었습니다.

"여기서 그게 왜 중요한데? 우린 식량도 없고 물도 없는 섬에

쓸려왔어. 우린 죽을 거라고!!!"

두 번째 사람이 대답했습니다.

"아직도 이해가 안 되나 본데, 난 한 달에 십만 달러를 벌고 그 중 십분의 일을 십일조로 헌금해. 우리 목사님이 분명 날 찾으실 거라고!"

해야 할 일이 무엇인지 분명하다면 절대 포기하지 마십시오. 실패는 끈기가 가장 부족한 사람들 곁에 도사리고 있습니다. 승자와 패자의 차이는 간단합니다. 승자는 패자들이 하기 싫어하는 것을 할 뿐입니다. 단순히 시작하는 것만으로는 부족합니다. 뭔가를 하기로 마음먹었다면 무슨 일이 있어도 끝까지 하십시오.

열정과 결심만 있다면 미래도 바꿀 수 있다

거대한 떡갈나무도 처음엔 땅에 묻힌 작은 씨앗에 지나지 않았습니다. 무엇이든 시작은 미미한 법입니다. 그러므로 기회를 잡았다면 끝까지 붙잡으십시오. 절대로 도중에 놓지 마십시오.

▷ "끈기란 인내를 한 곳에 집중한 것이다."
  - 토마스 칼리슬

끈기에는 에너지가 있습니다. 불굴의 의지를 지닌 사람의 열정을 당할 것은 없습니다.

좋은 쪽으로든 나쁜 쪽으로든 세상 사람들의 사고방식을 바꾸는 데 헌신하는 사람이 얼마나 필요하리라 생각하십니까? 채 0.5퍼센트도 안 됩니다. 여러분은 지금까지의 사업, 가족사, 재정상태, 친구들 심지어 미래까지도 바꿀 수 있습니다. 열정과 결심만 있다면 말입니다. "헌신만한 재산은 없다. 누가 훔쳐갈 수 있는 것도 아니고 오직 당신만이 자기 의지로 버릴 수 있는 것이므로"라는 속담도 있지 않습니까!

끈기가 있으면 세상의 모든 일이 가능해집니다. 만나고 싶은 사람을 모두 만날 수도 있습니다. 성공할수록 자신이 왜 그 일을 하는지 명확해집니다.

매일 나는 더 헌신하고 더 결심합니다. 부정적인 생각은 근처에도 못 오게 하십시오. 성공 외에 다른 것은 생각도 마십시오. "난 해낼 거야. 이걸 할 거야. 반드시 이루겠어"라는 생각만 하십시오.

끈기가 곧 결심입니다. 그리고 결심은 기회를 만듭니다. 그것은 꿈을 좇을 기회, 여러분의 삶을 바꿀 기회를 만들어줍니다. 우리는 매일 이렇게 기도해야 합니다.

"잡초의 끈기를 주십시오."

모든 위대한 일은 시간과 끈기를 필요로 했습니다. 포기하지 마십시오. 지금까지 수많은 열쇠로 실패했다 해도 마지막 열쇠가 문을 여는 열쇠가 될 수 있습니다. 경쟁자보다 1초 더 버티는 것이 여러분을 승자로 만들어줍니다.

간절히 원하라

어느 날 한 소년이 소크라테스에게 다가와 청했습니다.

"선생님 밑에서 공부하고 싶습니다. 선생님께 배우고 싶습니다."

소크라테스는 소년의 손을 잡고 강으로 가서 함께 물속으로 들어갔습니다. 그리고는 소년의 머리를 계속 물속에 집어넣었습니다. 소년은 머리를 들려고 안간힘을 다했습니다. 그럴수록 소크라테스는 더욱 힘을 주어 소년의 머리를 물속으로 집어넣었습니다. 기진맥진해진 소년은 마침내 온힘을 다해 머리를 들었습니다. 그때 소크라테스가 이렇게 말했습니다.

"지금 네가 숨을 쉬고 싶었듯이, 살고 싶었듯이 그렇게 배우고 싶은 마음이 간절하다면 내 제자로 받아줄 것이다."

간절히 원하십시오. 가족을 위해 자유를 위해 자신의 미래를 위해 마치 죽을 것처럼 꿈을 이루고 싶어야 합니다. 대부분의 사람들은 간절히 원하지 않아 못 얻는 겁니다.

어떤 남자가 길에서 현자를 만났습니다.

"현자시여! 어느 길이 성공으로 가는 길입니까?"

남루한 옷에 수염이 덥수룩한 현자는 아무 말 없이 저 멀리 한 곳을 가리켰습니다. 남자는 쉽고 빠르게 성공을 얻을 수 있을 거라는 희망에 들떠 그쪽으로 달려갔습니다. 그런데 갑자기 누군가가 철썩 하고 매질을 하는 게 아닙니까?

결국 남자는 옷은 누더기가 되고 몸은 만신창이가 되어 '내가 잘못 해석한 게 틀림없어'라는 생각을 하면서 터덜터덜 본래의 자리로 돌아왔습니다. 그리고 또 다시 현자에게 같은 질문을 했습니다. 현자는 여전히 같은 방향을 가리켰습니다.

남자는 다시 그쪽으로 발걸음을 옮겼습니다. 그런데 이번에는 귀청이 떨어져 나갈 정도로 세게 얻어맞았습니다. 남자는 깨지고 피투성이가 되어 기다시피해서 돌아왔습니다. 그는 잔뜩 화난 목소리로 말했습니다.

"내가 성공으로 가는 길을 물었잖습니까!"

현자는 묵묵부답이었습니다.

"당신이 가리키는 방향으로 갔는데, 돌아오는 건 매질밖에 없습디다. 손가락질은 그만하고 말을 해요, 말을!"

그제야 현자가 입을 열었습니다.

"그쪽 방향이 맞네. 하지만 매를 참고 좀더 가야만 하네."

우리는 모두 '매질'을 당합니다. 차이를 만드는 것은 그 뒤에 무엇을 하느냐입니다. 그것이 성공한 사람과 아무것도 이루지 못한 사람을 가르는 기준이 될 때가 많지요. 인생에서 이루고 싶은 것이 무엇이든 끈기가 필요합니다. 레이싱카 챔피언인 릭 미어스가 이것을 아주 절묘하게 표현했습니다.

"일등으로 들어오기 위해서는 먼저 들어와야 한다."

세상은 결심하고 헌신하는 사람에게 자리를 내준다

다른 사람들 입장에서는 한 가지만 추구하는 우리가 짜증스럽게 보일 수도 있습니다. 그들은 무엇을 할지 몰라 이리저리 헤매고 다니니까요. 어찌 보면 해야 할 일을 찾은 여러분이 부러워서 짜증을 내는 것일 수도 있습니다.

세상은 결심하고 헌신하는 사람에게 자리를 내줍니다. 신념과 희망은 우리가 한 발 더 나아갈 수 있도록 도와줍니다. 그것은 우리가 다른 사람들에게 나눠주는 것이기도 하죠. 친구들끼리 서로 나눠주기도 합니다. 많이 퍼줄수록 더 많이 얻는 것이 희망과 신념입니다.

자기 사업을 하는 것의 장점 중 하나는 비슷한 생각을 가진 사람들을 많이 만나게 된다는 것입니다. 여러분의 능력을 어느 정도 증명하면 자연스럽게 관계가 형성됩니다. 그들 중에서도 소위 잘 나가는 사람들은 자신에게 힘을 주는 특별한 친구가 있다는 말을 합니다.

그들은 처음부터 마음을 열지 않습니다. 대부분의 사람들이 그렇듯 그들 역시 처음에는 의심을 하죠. 그 의심을 넘어서야 합니다. 부단히 자신을 일으켜 세워야 합니다. 여러분 자신을 믿으십시오. 믿음으로 살아야 합니다. 더 많은 에너지와 자신감을 키우십시오. 여러분의 잔이 찰 때까지 계속 하십시오. 그러면 잔이 찼기 때문에 새로운 꿈이 필요하게 될 겁니다.

상황이 얼마나 나쁜지는 얘기하지 마십시오. 문제를 얘기하지 말고 꿈을 얘기하십시오. 원하는 것을 얻으면 얼마나 좋을지를 얘기하십시오. 꿈은 문제에 대한 해답이 됩니다. 누구나 넘어야 할 문제가 있지만, 기쁨은 그것을 넘는 과정에 있습니다.

지금 여러분의 꿈은 얼마나 큽니까? 꿈에 더 헌신하겠습니까? 꿈을 현실로 이루겠습니까?

운이 없다는 얘기도 하지 마십시오. 운은 여러분이 결정하는 겁니다. 성공도 결정입니다. 힘껏 싸우기만 하면 됩니다. 상처만 생각하며 살지 마십시오. 아픔이 아니라 기쁨으로 사십시오. 꿈을 향해 계속 나아가십시오.

> 일과 헌신, 기쁨이 하나가 될 때 열정 넘치는 불가능이 없는 깊은 우물에 이르게 된다.
> - 무명씨

가치 있는 일은 노력 없이 되지 않는다.
Nothing of value comes without effort.

- 「덱스터의 사업 비결」中 -

/ PURSUIT /
Success is hidden in the journey.

Success is Hidden In the Journey.

15

15장 / **현실**은 중요하지 않다

> 한계는 마음에 있다. 뭔가를 할 수 있다고 마음속에 그릴 수 있으면
> 정말 할 수 있다. 100퍼센트 믿는다면! - 아놀드 슈왈츠제네거

　어렸을 때, 아침을 가장 빨리 먹는 사람은 스포츠선수의 사진이 들어있는 시리얼상자를 상으로 탔던 기억이 납니다. 당시 내가 받은 시리얼상자의 앞면에는 밥 리처드라는 챔피언 사진이 있었죠. 그는 올림픽에서 장대높이뛰기로 금메달을 여러 번 딴 훌륭한 선수입니다. 언젠가 그는 이렇게 말했습니다.
　"처음엔 야구를 하려고 했는데, 키가 170센티미터밖에 안 되어 거절을 당했습니다. 하지만 운동을 포기할 순 없었죠. 꼭 운동을 하고 싶었거든요. 그래서 선택한 것이 장대높이뛰기입니다. 그것을 배우면서 봉을 뛰어넘으려면 먼저 봉에 마음을 두고, 마음을 봉 너머로 던지면 몸은 따라간다는 것을 배웠습니다. 정말로 챔피언이 되고 싶다면 챔피언의 정신을 가져야 합니다."
　승자에게 현실은 중요하지 않습니다.

스스로 사다리를 만들어 꿈을 향해 올라가라

우리는 모두 조건에 상관없이 원하는 사람이 될 수 있습니다. 꿈의 힘을 키워나가십시오. 혼자서 하기 힘들다면 다른 사람에게 여러분이 스스로를 일으켜 세울 수 있도록 도와달라고 하십시오. 어떻게 하면 혼자 나아갈 수 있는지 그 방법을 상담하십시오. 여러분은 모두 재능을 타고났습니다. 여러분이 할 일은 그 재능과 꿈을 키워가는 겁니다.

불가능한 꿈을 꾸는 법을 배우십시오. 현재의 상황을 넘어서는 상상을 하는 사람은 절대 혼자가 아닙니다. 결코 끝난 것이 아닙니다. 여러분에게는 상상력이라는 천부적 재능이 있습니다. '현실'에 발목을 잡히지 않으면 여러분의 눈이 기회를 볼 수 있고 여러분의 귀가 방향을 들을 수 있으며, 여러분의 정신이 도전을 즐기고 여러분의 마음이 길을 찾게 됩니다. 여러분의 마음에는 뇌가 모르는 눈이 있습니다. 매일 여러분의 상상력을 키우십시오.

꿈을 멈추면 문제가 불어납니다. 우리에게는 우리의 소중한 자산인 꿈에 물과 비료를 주고 키워 우리 자신을 성장시킬 책임이 있습니다. 주유소에 가서 여러분의 꿈을 말하면 모두들 비웃을 겁니다. 하지만 성공자들에게 꿈을 말하면 서로의 꿈을 얘기하며 공유할 수 있을 겁니다. 어떤 그룹에 속하고 싶습니까? 꿈을 꾸는 사람들입니까? 아니면 '그런 일은 없을 거야. 안 될 거야. 미쳤구나?' 하는 사람들입니까? 가장 훌륭한 교육은 여러분보다 먼저 그 길을 간 사람들에게 배우는 것입니다.

현실은 중요하지 않습니다. 어려움이 닥쳤을 때, 사람들이 뭐라고 하든 어떤 정보나 사실을 들이대면서 여러분이 틀렸다고 하든 마음을 단단히 먹어야 합니다. 어떤 상황에서든 '나는 할 수 있다'는 생각을 굳게 지켜야 합니다. 성공자들은 이것을 잘 이해하고 있습니다. 성공자들은 스스로 사다리를 만들어 꿈을 향해 올라갑니다.

하늘은 꿈꾸는 사람을 돕는다

원하는 것을 보고 믿으십시오. 새로운 습관을 들이고 새로운 말을 하고 새로운 꿈을 꾸십시오. 여러분에게는 기회가 열려 있습니다. 그 기회를 잡으려면 옛 습관을 바꿀 신념과 믿음, 의지가 있어야 합니다.

내 친구 중 하나는 뉴욕에서 손꼽히는 췌장암 전문의입니다. 잘 고친다는 소문이 나다 보니 그를 찾아오는 환자의 60퍼센트는 이런 저런 노력을 기울이다가 실패하고 마지막 희망을 걸고 오는 사람들이라고 합니다. 환자들이 다른 곳에서 6개월 남았다는 말을 들었다는 얘기를 하면, 내 친구는 어떻게 암을 떨쳐버릴 수 있는지 가르쳐 줍니다.

그러면 환자들은 집으로 가서 가족이나 친구들에게 자신이 들은 얘기를 합니다. 어떤 걸 해야 한다거나 무엇을 먹어야 한다는 등의 얘기를 하는 거죠. 그러면 그 얘기를 듣는 사람들은 비웃기 시작합니다. 현실이 어떻고 통계가 어떻고 하면서 훨씬 안 좋은 사실들을 만들어내는 거죠. 그러면 환자들은 의사가 시킨 것을 따르지 않는다고 합니다.

한 번 생각해보십시오. 그것은 의사가 어떻게 해야만 살 수 있는지를 가르쳐주었는데도 불구하고 다른 사람이 자신의 목숨을 빼앗도록 내버려두는 셈입니다.

여러분은 어떤 선택을 하겠습니까? 의지가 강한 사람은 스스로 결정을 내리고 '어떤 문제가 있든 가만히 당하고 있지만은 않겠어'라고 생각합니다. 상상력이 없는 사람은 자기 수명의 절반도 못 삽니다.

꿈은 우리가 경험할 수 있는 가장 흥미진진한 모험입니다. 현실이 어떻든 성공하고 말겠다는 결의를 다지고 최선을 다하십시오.

> 공기역학적으로 볼 때 벌은 날 수 없다. 그러나 벌은 그것을 모르기 때문에 날 수 있는 것이다. - 에드 포먼

/ PURSUiT /
Success is hidden in the journey.

Success is Hidden In the Journey.

16 / 16장 **중단**하면 지는 것이다

chapter 16

패자는 없다. 성공한 사람과 중단한 사람이 있을 뿐이다.
- 덱스터 예거

나는 지금도 승자인 아버님께 감사하고 있습니다. 저희 아버님은 정말로 열심히 사셨습니다. 절대로 포기하는 법이 없었죠. 우리가 누릴 수 있는 가장 큰 축복 중 하나는 승자를 곁에 두는 것과 우리가 승자가 되는 과정에서 겪는 일을 아이들이 보고 자랄 수 있도록 하는 겁니다.

늘 새롭게 시작하라

성공적인 삶을 산 사람들의 공통점 중 하나는 얻어맞고 널브러지고 중상모략을 받으며 수년 동안 아무것도 얻지 못하고 지낸 경험이 있다는 것입니다. 그러나 그들은 넘어질 때마다 일어났습니다. 이런 사람은 절대 이길 수 없습니다.

▷ "세상은 언제나 포기할 기회를 줄 것이다. 그렇지만 포기를 기회라고 하는 것은 세상뿐이다." - 클린트 브라운

포기하지 말고 다시 시작하십시오! 새로운 시작을 만들어가는 습관을 들이십시오. 시작은 힘을 주고 우리를 새롭게 하며 노력에 활기를 더해줍니다. 다시 시작할 때마다 경험과 성공확률은 훨씬 높아집니다.

사람들은 보통 시작하는데 들어간 시간보다 훨씬 더 빨리 그만 둡니다. 바로 그것이 문제입니다. 인생의 비극은 사람이 사는 동안 그 안에서 생명이 죽어간다는 겁니다. "죽을 때까지는 아직 죽은 것이 아니다"라는 것을 여러분의 모토로 삼으십시오.

몇 년 전, "한 남자가 살았다. 40세에 죽고 65세에 묻혔다"는 말을 들었던 기억이 납니다. 꿈을 키우고 목표를 향해 나아가지 않는다면 살아있어도 살아있는 것이 아닙니다. 단순히 생물학적으로만 살아있을 뿐입니다. '난생 처음 해보는 것'을 마지막으로 해본 적이 언제입니까?

▷ "중단하는 사람보다 더 나쁜 것은 두려워 시작도 못하는 사람이다."
– 리차드 바크

여러분의 사명이 끝났는지 아닌지를 알아보는 좋은 기준이 있습니다. 여러분이 아직 살아있다면, 아직 안 끝난 겁니다. 여러분의 인생은 이제 남은 세월밖에 없습니다. 남은 인생을 지금보다 더 나은 삶으로 만들 것이냐 아니냐는 전적으로 여러분에게 달려있습니다. 매일 '이랬으면 좋았을 텐데…'라는 생각을 하며 살 수는 없습니다. 그런 삶을 만들기 위해 노력해야 합니다. 미래는 우리가 선택하는 겁니다.

한 걸음만 더 가면 된다. 포기하지 마라

게으른 사람은 항상 하지 않은 일로 평가를 받습니다. 반면, 부지런한 사람은 해놓은 일로 평가를 받습니다. 뭔가 결과를 만들어내십시오. 우리가 더 열심히 일할수록 중단하기는 그만큼 어려워집니다.

끈기는 습관입니다. 중도에 포기하는 것 역시 습관입니다. 둘 중 어느 쪽을 선택하느냐에 따라 여러분의 삶은 180도로 달라집니다.

실패한 사람들 중에는 자신이 성공의 문턱에서 포기했다는 것을 모르는 사람이 많습니다. 실제로 수많은 사람들이 모퉁이를 돌면 혹은 한 걸음을 더 나아가면 성공할 수 있을 텐데 그것을 참지 못하고 주저앉고 맙니다. 성공자는 최선을 다했다는 생각이 드는 그 순간에도 다시 한 번 더 최선을 다합니다.

▷ "어떤 일을 하다보면 모든 것이 나를 짓누르는 것 같아 1분도 더는 견디지 못할 것 같은 순간이 온다. 그때 포기하면 안 된다. 때가 되면 상황은 저절로 바뀔 것이기 때문이다." - 해리엇 비쳐 스토위

사람들은 흔히 새로운 일을 시작할 때, 다른 사람들이 포기하는 비율이 얼마나 되느냐고 묻습니다. 하지만 포기하는 비율은 아무것도 아닙니다. 만약 목사님이나 랍비들이 포기하는 비율을 걱정했다면, 아무도 결혼하지 못했을 겁니다. 확률은 중요하지 않습니다.

대부분의 사람들은 전문 중도포기꾼입니다. 새해가 되면 수많은 결심들이 살아났다가 얼마 지나지 않아 죽고 맙니다. 결심이 생명의 싹을 틔우기도 전에 사람들이 포기하기 때문입니다.

나는 우리가 어떤 목적을 가지고 태어난 것이라고 믿습니다.

하늘이 여러분을 낼 적에는 분명 뜻이 있었을 겁니다. 인생이란 선물을 소중히 여기고 매일 조금씩 나아지십시오. 우리는 다른 사람들의 미래를 보여주는 모델입니다. 우리의 모습이 그들에게 희망을 줄 겁니다. 우리가 실패담을 이야기하면 그들은 전혀 자극을 받지 못합니다. 아예 우리의 말을 들을 필요조차 없겠지요. 우리도 그런 말을 할 필요가 없습니다.

승리한 이야기를 해야 합니다. 우리가 어떻게 장애물을 넘었는지 이야기해주어야 합니다. 그러면 그들도 자신의 장애물을 넘게 됩니다.

> 평범한 재능을 가진 사람이 탁월한 성공을 거두는 것은 언제 그만둘지를 몰랐기 때문이다. 사람들이 성공을 못하는 것은 성공할 운명임에도 성공하지 않기로 결심하기 때문이다. - 조지 앨런

> 무엇을 하든 용기가 필요하다. 어떤 길을 가든 당신이 틀렸다는 사람은 항상 있다. 그들이 옳을지도 모른다는 생각이 들 수도 있다. 갈 길을 정하고 끝까지 가는 데는 군인에게 필요한 그런 용기가 있어야 한다. - 랄프 왈도 에머슨

> 우리는 두려움이라는 홍수를 막아낼 용기의 방파제를 쌓아야 한다.
> - 마틴 루터 킹 주니어

> 부를 잃는 사람은 많은 것을 잃은 것이고, 친구를 잃는 사람은 더 많은 것을 잃은 것이나 용기를 잃은 사람은 모든 것을 잃은 것이다. - 미겔 데 세르반테스

/ PURSUiT /
Success is hidden in the journey.

17

Success is Hidden In the Journey.

17장 / **불굴**의 **의지**로 계속 나아가라

> 세상의 어떤 것도 끈기를 대신할 수는 없다.
> – 캘빈 쿨리지

성공하고 싶습니까? 결과에 상관없이 성공할 수 있다고 믿을 수 있습니까? 그것이 승자와 패자를 가릅니다. 승자들은 결과가 없을 때도 믿고 전진합니다. 얼마나 뿌렸느냐로 하루를 어떻게 보냈는지를 판단하는 것이 더 정확하겠습니까? 아니면 얼마를 거두었느냐로 판단하는 것이 더 정확하겠습니까?

패자들은 기적이 일어나길 바라면서 제대로 가고 있다고 으스댑니다. 승자들은 하루에 하나씩, 한 번에 한 걸음씩 갑니다. 그러다가 어느 날 갑자기 "자네, 사업이 정말 커졌군" 하는 얘기를 듣는 겁니다. 그러면 승자들은 이렇게 대꾸하죠. "아직도 멀었어."

충분한 시간을 투자하여 목표를 세워라

계속 추구한다는 것은 여러분의 세계가 계속 넓어진다는 뜻입니다. 꿈을 좇는 한 여러분은 실망스러운 결과도 견뎌낼 수 있습니다. 그게 인생이니까요. 사업이든 결혼이든 육아든 어떤 일에서든 문제는 발생합니다. 잠을 깨십시오! 문제를 더 많이 겪어야 합니다. 그렇지만 남편을 생각하면, 아내를 생각하면, 아이들을 생각하면 그럴 만한 가치가 있는 일 아닙니까? 여러분 자신을 생각한다면, 그럴 만한 가치가 있는 일 아닙니까?

어떤 어려움이 닥쳐도 나는 절대로 목표를 세우는 일을 멈추지 않을 겁니다. 간혹 사람들은 "목표만 열 번을 넘게 세웠어요"라고 말합니다. 그러면 열 번을 더 세우십시오. 그래도 안 된다면 열 번 더 세우십시오. 나는 충분한 시간을 투자한 목표는 모두 이루었습니다. 만약 여러분이 목표를 이루지 못했다면, 그것은 충분한 시간을 투자하여 목표를 세우지 않았기 때문일 겁니다.

여러분의 경쟁상대는 다른 사람이 아니라 여러분 자신의 과거입니다. 목표가 여러분을 앞으로 나아가게 하려면 과거의 문을 꽉 닫아야 합니다.

모든 생각, 꿈, 아이디어는 계절의 변화를 겪습니다.

겨울은 아이디어를 얻고 기초를 닦는 때입니다. 그렇지만 변하는 것은 없습니다. 겨울이 가고 봄이 오면 씨앗을 뿌립니다. 그리고 정성을 다해 씨를 가꾸고 땅을 일굽니다. 씨앗이 조금 자라면서 여름이 옵니다. 여름은 무럭무럭 자라는 시기지만 결실은 없습니다. 여름이 가면 가을이 옵니다. 결실의 계절이 온 것이죠! 엄청난 수확을 올릴 시기입니다.

안타깝게도 대부분의 사람들이 이 '결실의 시기'까지 가지 못합니다. 너무 빨리 포기하기 때문입니다. 눈에 보이는 결실이 미미하거나 없자, 가을이 오기도 전에 그만두는 겁니다. 아무것도 안 되는 것 같아도, 눈에 보이든 안 보이든 뭔가가 이루어지고 있다는 것을 믿고 기다려야 합니다.

꽃이 만개했을 때 따면 열매는 맺히지 않습니다.

우표처럼 목적지에 도달할 때까지 붙어있어야 한다

나는 간혹 "그 사람, 어떻게 된 거예요?", "그 리더 도대체 어쩌다 그렇게 됐대요?"라는 말을 듣습니다. 그런 사람들은 잘못된 것에 초점을 맞추고 장기적인 것보다 단기적인 것을 위해 애쓰다가 삼천포로 빠진 것입니다. 땅 속에서 뻗어가고 있는 뿌리는 보지 않고, 자신이 뿌린 씨앗이 미친 듯이 자라도록 하늘에서 내려줄 비는 보지 못하고 '가뭄'이라는 현상만 본 겁니다.

장기적인 비전과 희망을 가지십시오. 장기적인 노력과 헌신을 기울이십시오. 하루아침에 이루어지는 것은 없습니다. 여러분 자신에게 시간적 여유를 주어야 합니다.

성공은 출입문이 아니라 한 번에 하나씩 올라야 하는 계단입니다. 다음 계단을 오르기가 두렵다면 어떻게 해야 할까요? 계단을 오르지 않는다면 어디로 갈 생각입니까? 계단에서 그 자리에 머문다는 것은 있을 수 없으므로 내려오는 길밖에 없습니다.

나는 현실이 어떻든 자신이 가고자 하는 곳을 바라보는 버릇이 있습니다. 의도적으로 가고자 했던 길을 멀리 내다봅니다. 그러면 어떻게 되는지 아십니까? 그럴 때마다 느리긴 해도 폭발력이 축적됩니다. 나는 많은 것이 우리가 어떻게 보느냐에 달려있다고 믿습니다. 과거에 집착하지 마십시오. 마음에 안 드는 부분만 바라보지 마십시오. 가고 싶은 곳에 계속 집중하십시오.

성공을 향해 가는 사람들은 이상 하나를 믿고 그것을 이룰 때까지 버팁니다. 그것은 마치 나무를 심는 것과 같습니다. 나무를 심을 때 "세 달 내에 다 자라라. 삼 년 내에 다 자라라. 안 그러면 잘라 버리겠다"라고 합니까?

승자는 항상 현재 있는 자리보다 멀리 내다보고 계속 걸음을 옮깁니다. 패자는 다른 사람들이 중단하는 것을 보고 너무 빨리 포기합니다. 여러분은 얼마나 버틸 수 있습니까? 여러분이나 나는 우표처럼 행동해야 합니다. 우표는 우편물이 목적지에 도달할 때까지 붙어있어야만 소용이 있는 겁니다.

나의 힘은 나의 끈기 하나에 달려있다. - 루이 파스퇴르

계속하겠다는 의지가 심적 안정을 준다. - 무명씨

세상의 어떤 것도 끈기를 대신할 수 없다. 재능도 대신할 수 없다. 재능을 갖고도 성공하지 못한 사람은 발에 채일 만큼 많다. 천재도 대신할 수 없다. 인정받지 못한 천재는 웃음거리에 불과하다. 교육도 대신할 수 없다. 세상은 교육받은 낙오자 투성이다. 끈기와 결심만이 모든 것을 이룰 수 있다. - 캘빈 쿨리지

/ PURSUIT /
Success is hidden in the journey.

Success is Hidden In the Journey.

18장 / **승리**를 얻은 후, 중단하지 마라

chapter 18

**만족은 노력에 있는 것이지 성취에 있는 것이 아니다.
충분히 노력했다면 충분히 승리한 것이다. - 앨버트 아인슈타인**

대부분의 사람들은 항상 끝을 바랍니다. 하나의 성공으로 모든 것이 끝나는 것이라고 생각하기 때문입니다. 그러나 승자들은 끝에 가까워질수록 새로운 시작이 필요하다는 것을 압니다. 하나의 성공을 이루는 지점이 또 다른 성공을 위한 시작지점임을 아는 것입니다.

일단 움직이기 시작하면 계속 걸을 수 있다

동화책을 보면 흔히 왕자와 공주가 결혼을 해서 영원히 행복하게 살았다는 결론이 납니다. 대체 영원히 행복하게 살았다는 게 무슨 뜻입니까? 슬프게도 대다수의 부부들은 결혼하자마자 열심히 돈을 벌면서 치열하게 살아갑니다. 그리하여 집을 점점 늘려가고 자동차를 구입하고 새로운 가구도 들여놓습니다. 그렇게 물질적으로 어느 정도 안정을 찾게 되면 그 후에는 어떻게 할까요? 그때부터는 이것을 지키려고 노력합니다. 지키려고 하니 생활은 점점 더 힘들어질 수밖에 없습니다.

차라리 더 많은 것을 얻으려고 노력한다면 그것을 지키는데 아무런 문제가 없을 겁니다. 그러나 목표가 지키는데 있기 때문에 오히려 가진 것을 잃는 경우가 많은 겁니다. 신혼 초의 생각대로 목표를 계속 갱신해가면서 마음을 다잡았다면 지키는 것쯤은 아무것도 아니었을 겁니다.

어느 날, 유명한 출판업자 사이러스 H. 케이가 동료인 에드워드 복에게 말했습니다.

"결코 부자가 될 수 없는 사람이 둘 있네."

"어떤 사람들인데?"

"하나는 시킨 일도 못하는 사람이고, 다른 하나는 시킨 일 외에는 아무것도 못하는 사람일세."

여러분은 '성장' 아니면 '퇴보' 앞에 서 있습니다. 어느 쪽입니까? 앞으로 어느 쪽에 서겠습니까? 성장하십시오! 그렇지 않으면 퇴보할 뿐입니다.

목적지로 가는 첫걸음은 지금 있는 곳에 머물지 않겠다고 결심하는 것에서 시작합니다. 일단 움직이기 시작하면 계속 갈 수 있습니다. 마이클 조던이 첫 골을 넣고 나서 골을 그만 넣던가요? 존 그리샴이 첫 베스트셀러를 내고 나서 붓을 꺾던가요? 성공한 사람들은 승리란 더 어려운 기회로 들어가는 입장권이라는 것을 알고 있습니다.

끝이 아니라 새로운 시작을 바라보라

더 좋은 길을 찾았다면 그 길을 더 좋은 길로 만드십시오. 새로운 아이디어가 생각나지 않는다면 기존의 아이디어를 더 잘 활용할 방법을 찾아보십시오. 현상에 만족하지 못하는 사람들이 있기 때문에 발전이 있는 겁니다. 사람들이 대부분 실패하는 이유는 성공한 계획에 지속적으로 새로운 계획을 보탤 끈기가 부족하기 때문입니다.

▷ "빵을 만들기 전까지는 도토리도 먹을 만했다."
  – 프랜시스 베이컨

▷ "새로운 것을 만들 수 없다면 최소한 개선이라도 하라."
  – 찰스 캘립 콜튼

▷ "중요한 것은, 미래의 나를 위해 현재의 나를 언제라도 희생할 준비가 되어 있느냐는 것이다."
  – 두보이스

▷ "평범한 사람과 비범한 사람의 차이는 '좀 더'에 있다."
  – 지그 지글러

일단 성공했다면, 다음에는 좀더 어려운 것에 도전하십시오. 여러분은 분명 성공할 수 있습니다. 여러분이 바라는 성공은 어느 정도입니까? 어느 정도의 성공을 원합니까?

살아가면서 우리의 한계를 시험해보지 않으면 우리 안에 무엇이 있는지 알 수 없습니다. 다 안다는 사람은 절대 성장하지 않습니다. 여러분은 성장하기 위해 그 자리에 있는 겁니다. 삶이란 곧 성장이니까요. 누가 한 말인지는 알려지지 않았지만, 평생 이 말을 기억하십시오.

"내일이면 할 일이 더 많이 쌓일 것이다. 실패는 어제의 성공에 안주해 주저앉는 사람을 기다린다."

생산적인 뭔가를 만들어내십시오. 남의 일에 이러쿵저러쿵 참견하려 하지 말고 여러분의 길을 보십시오. 여러분이 어디로 가는지 모른다면 이리저리 헤매게 될 뿐입니다. 자신이 어디를 향해 가고 있는지를 아는 것, 그것이 모든 것을 결정합니다.

나는 절대로 끝을 바라보지 않습니다. 새로운 시작을 바라봅니다. 새로운 시작! 프로젝트가 일요일 밤에 끝난다면 월요일 아침에 더 큰 일을 시작하는 겁니다. 우리는 항상 더 높은 것, 더 큰 것, 더 원대한 목표를 향해 달려야 합니다. 꿈을 크게 가지면 문제나 실패도 성공을 향해 가는 우리의 발걸음을 막을 수 없습니다.

'어느 정도'란 의식은 인류 최대의 질병이다

이제 여러분에게 필요한 것은 '못한다', '안 된다' 하는 사람이 아니라 여러분을 격려해 줄 사람입니다. 여러분이 성공할 수 있다는 것을 믿어줄 사람 그리고 여러분이 목적지에 다다랐을 때 새로운 목표를 세울 수 있도록 힘을 북돋워줄 사람 말입니다.

사람들은 간혹 우리 부부에게 이렇게 묻습니다.

"그 정도 성공했으면 이제 필요한 게 없잖아요?"

인생이란 필요의 문제가 아닙니다. 새로운 필요를 만들어내는 것, 바람과 희망을 필요로 바꾸는 것, 그것이 인생입니다. 인생의 묘미를 맛보려면 치열하게 살고 인생을 늘릴 수 있는 데까지 아니 그보다 더 늘려 살아야 합니다.

오늘 여러분의 꿈이 무엇이든 흥미진진하게 반짝거리도록 닦아

놓으십시오. 꿈을 계속 늘려나가고 키워나가십시오. 중요한 것은 꿈을 품는 것이 아니라 꿈을 좇는 것, 항상 꿈을 향해 달려가는 겁니다. 꿈을 이루면 새로운 꿈을 품어야 합니다. 그래야 항상 더 큰 꿈, 더 나은 꿈을 위해 노력하게 됩니다.

많은 사람들이 어느 선에 이르면 만족하고 나태해집니다. 나는 재정적으로 볼 때, '어느 정도'라는 게 인류 최대의 질병이라고 생각합니다. 이 '어느 정도'는 자부심으로, '가을이 오기도 전에 배가 부른' 자만심으로 이어집니다. '어느 정도'에 빠지면 넘어질 준비가 된 것이나 마찬가집니다. 그런 의식에 젖으면 '내가 어떤 사람인데'라는 생각에 해야 할 일도 안 하고 계속 가야 할 길도 멈추고 맙니다.

그렇기 때문에 나는 가능한 한 계속 갈 수 있도록 이런저런 장치를 마련해둡니다.

우리에게는 우리를 채찍질해줄 더 큰 꿈이 필요합니다. '편안하다', '이제 됐다'는 생각이 들면 뭔가 잘못된 겁니다. 그때는 더 큰 꿈을 꾸든지 아니면 죽든지 둘 중 하나죠. 나는 죽을 때까지 노력해도 내가 필요로 하는 것을 다 가질 수 없을 겁니다. 왜냐하면 아직 내가 만나보지 못한 사람들이 많기 때문입니다. 우리가 지금 어떤 생활을 누리고 있든 나는 그들을 도와야 합니다.

나이가 들면서 가장 슬플 때는 '내가 아무것도 이룬 것이 없다'는 느낌이 들 때입니다. 그 느낌은 죄책감이 되어 어디를 가든 따라옵니다. 여러분, 나이가 칠십이든 열일곱이든 상관없습니다. 숨이 남아있는 한 죽을힘을 다해 사십시오. 꿈을 꾸고 여러분이 가진 모든 것을 거십시오.

▷ 성공한 후 월계관 위에 안주하는 것, 그것이 실패다. 실패한 후 포기하지 않는 것, 그것이 성공이다. - 조지프 필서드스키

세상에 팔 수 있는 컴퓨터는 기껏해야 다섯 대라고 생각한다.
- 토마스 제이 왓슨, IBM, 1943

이미 15종류의 외제차가 판매되고 있는 상황에서 일본자동차의 향후 시장점유율은 미미할 것이다. - 비즈니스위크, 1969

집집마다 PC 한 대씩 갖는 날이 오지 말라는 법은 없다.
- 키네스 올슨, 디지털 이퀴프먼트(Digital Equipment), 1977

라디오의 미래는 없다. 무거운 기계가 하늘을 난다는 것은 불가능하다. X-레이는 속임수라는 것이 곧 밝혀질 것이다. 열기구 외에 다른 기계로 하늘을 날 수 있다는 주장은 눈곱만큼도 믿을 수 없다.
- 윌리엄 탐슨, 켈빈 경(1824~1907), 영국 과학자이자 왕립학회회장

TV는 이론적으로나 기술적으로는 가능하지만, 상업적으로나 재정적으로는 불가능하다고 생각한다. 우리가 백일몽을 꾸는데 시간을 좀 낭비한 것에 불과하다.
- 리 디포리스트(1873~1961), 미국 발명가

비행물체는 결국 속도가 붙을 것이다. 스포츠에도 사용될 것이다. 그렇지만 민간 항공기로서의 가능성은 없다. - 옥사브 샤누트(1832~1910), 프랑스 항공 선구자

폭탄을 실은 잠수함을 만든다는 건 불가능하다.
- 클락 우드워드(1877~1967), 미 해군 소장

배우가 말도 하는 걸 누가 보고 싶어 하겠는가?
- 해리 엠 워너(1881~1958) 워너 브라더스 스튜디오 창립자(1927년 유성영화의 가능성에 대해 논평하면서)

과학이 아무리 발전한다 해도 사람이 달에 가는 일은 없을 것이다.
- 리 드 포리스트 박사, 진공관 발명가이자 TV의 아버지

전화는 통신장비로서는 결점 투성이다. 우리 업계에서는 쓸모가 없을 것으로 판단된다.
- 모든 웨스턴 유니언 사무실에 게시된 메모에서, 1876년

발명될 수 있는 것은 이미 모두 발명됐다.
- 찰스 H. 듈, 미국특허사무소 소장, 1899년

그들의 음악이 마음에 안 든다. 기타 음악은 이미 한 물 갔다.
- 데카 음반사 대변인이 비틀스를 거절하면서 한 말. 1962년

꿈은 동기 부여이다.
The dream is the motivation.

- 「덱스터의 사업 비결」中 -

/ PURSUIT /
Success is hidden in the journey.

Success is Hidden In the Journey.

19

19장 / **가족**을 사랑하라

**아빠가 아이들에게 해줄 수 있는 가장 중요한 일은
엄마를 사랑하는 것이다.** - 테오도르 M. 헤스버그

　여러분으로 하여금 꿈을 추구하도록 하는데 있어서 가장 큰 영향을 주는 곳이 바로 가정입니다. 배우자와 아이들은 엄청난 자산이 될 수도 있고, 무거운 부채가 될 수도 있습니다. 다행히 나는 아내와 아이들이 큰 힘이 되었습니다. 가족이 없었다면 지금까지 올 수도 없었을 것이고, 지금 이 일을 할 수도 없을 겁니다.
　나는 10대에 첫눈에 사랑에 빠져 그 사람을 50년 동안 쫓아다니고 있습니다. 지금도 아내의 사랑을 얻기 위해 노력하고 있는 중이죠.

배우자를 배려하고 존중하라

　남자는 남자가 될 수 있도록 만드는 여자가 있어야 진정한 남자가 될 수 있습니다. 여자는 남자들을 위해 그런 존재가 되어 주어야 합니다. 어려울 것 없습니다. 사랑을 하면 되죠. 사랑을 하면 남들이 뭐라고 하든 내 남자, 내 여자가 가장 좋고 예뻐 보이게 마련입니다.

그러면 그 사람을 위해 최선을 다하게 되죠.

배우자를 받아들이고 귀를 기울이고 사랑해주고 용기를 북돋워 주십시오. 그러면 서로 상대방을 이끌 권리를 얻게 될 겁니다.

특히 남자들 중에는 가부장적 사고에 젖어 권위의식을 내세우는 사람도 있습니다. 그러나 아내를 사랑하는 법을 배우지 못하면 딸에게 사랑한다는 말을 들을 수 없을 겁니다. 여러분이 아내를 보고 "사랑해"라는 말을 하지 못한다면, 딸에게는 어떻게 그 말을 하겠습니까? 딸이 어떤 남자를 선택해야 할지 어떻게 알겠습니까?

배우자를 못마땅하게 여기는 사람들은 자신에게도 그만큼 잘못이 있다는 것을 알아야 합니다. 여러분이 시간을 들여 조언을 해주고 배우자를 이끌어주지 않았기 때문에 그렇게 된 겁니다.

인생은 그 안에 너무 매몰되지 않으면 재미있습니다. 배우자와 즐기십시오. 배우자를 행복하게 하는 법을 아십니까? 배우자를 웃게 만드십시오. 밖으로 나가 데이트도 하십시오. 의무인 것처럼 마지못해 하지 말고 마음을 다해서 말입니다. 긴장을 풀수록 그 시간이 더욱 즐거울 것입니다.

내 아버지께서는 내가 결혼하기 전날 밤, 이런 말씀을 하셨습니다.

"덱스터야, 혹시 무슨 일이 생겨도 너는 집으로 못 온다. 그렇지만 버디는 와도 돼."

아버지께서는 결혼을 한다는 것은 책임을 받아들이는 일이며 중간에 포기한다는 말은 절대 듣고 싶지 않다는 말씀도 하셨습니다.

세상을 지배하는 것은 여자입니다. 아내가 내 편이 되니 크게 성공할 확률이 80퍼센트나 높아지더군요. 흔히 남자들은 터프한 척을 하지만, 그들을 울게 하고 상처를 줄 수 있는 건 바로 여자들입니다. 남편들은 아내의 영웅이 되고 싶어하고, 칭찬을 듣고 싶어합니다. 그러니 다음 몇 주일 동안 이걸 연습해 보십시오.

남편에게 "멋진데"라고 말해 보십시오. "잘생겼다", "꿈꾸던 이상형이다"라고 말해 보십시오.

아내가 남편을 대접하면 남편은 아내를 위해 목숨이라도 바칠 겁니다. 그러므로 격려하되 비판하거나 비난하지 마십시오.

누가 여러분을 세상 최고로 만들어줄 수 있습니까? 바로 여러분의 배우자입니다. 누가 여러분을 세상에서 제일 형편없는 사람으로 만들 수 있습니까? 그것도 바로 여러분의 배우자입니다. 여러분을 가장 혼란스럽게 할 수 있는 사람이 누굽니까? 여러분의 배우잡니다. 그러니 먼저 생각을 한 다음에 말을 하십시오.

배우자에게 자신감을 심어주는 길은 칭찬하는 겁니다. 서로서로 가르쳐주십시오. 결혼생활에 성공한 사람들과 어울리고 싶다면, 먼저 그런 부부가 되십시오. 살면서 진실한 관계를 맺고 싶다면, 먼저 다른 사람들의 장점을 찾으십시오.

아이들의 역할모델이 되라

아이들이 어떻게 자라기를 원합니까? 지금보다 더 나은 모습이 길 바랍니까? 우리는 대부분 아이들이 우리보다 낫기를 바랍니다. 그렇다면 여러분보다는 나은 출발선에 서게 해주어야겠죠. 그런데 더 나은 출발선이라는 게 자칫 아이들에게 겉만 번지르르하고 목표 없이 표류하는 요트가 될 수도 있습니다. 오히려 해가 될 수도 있는 거죠.

아이들은 가장 먼저 목표가 무엇인지 그리고 어떻게 목표를 세우고 달성할 것인지를 배워야 합니다. 예를 들어 아이의 목표가 차를 갖는 것인데, 여러분이 선뜻 차를 사준다면 아이에게서 목표를 빼앗는 셈입니다. 노력해서 얻은 것이 아니라면 아이는 그 선물의 소중함을 모를 겁니다. 이것은 리더십의 문제입니다.

원한다고 선뜻 그것을 집어줄 것이 아니라, 여러분 스스로 승리하는 모습을 보이고 아이들의 모범이 되는 겁니다. 다른 누군가가 아이들의 역할모델이 되기를 바라서는 안 됩니다. 잘못된 모델을 선택할지도 모르지 않습니까? 여러분이 모범을 보이며 역할모델이 된다면, 여러분은 여러분 자신을 더욱 좋아하게 될 겁니다.

어떻게 하면 아이들의 기를 살려줄 수 있는지 아십니까? 아이들이 뭔가 하고 있으면 "네가 이걸 하다니 정말 자랑스럽다"라고 하십시오. 어떤 부모들은 아이들이 우등생이라고 자랑하고 다니지만, 중요한 건 선생님이 매겨주는 점수가 아니라 부모가 아이를 어떻게 사랑해주느냐 하는 겁니다.

부모는 아이들이 부모를 따라 특별한 일을 해내는 것을 볼 때 가장 보람을 느낍니다. 물론 집에서는 그게 특별한 일이 아니지만, 밖에서 다른 사람들이 특별하다고 생각하는 것 말입니다.

가족에게 "사랑해"라고 말하는 법을 배우십시오. 아이들을 올바르게 키우십시오. 멋진 부모가 되십시오. 책임 있는 사람이 되십시오. 모범을 보이고 편한 일이 아니라 옳은 일을 하십시오. 부부가 환상적인 한 조가 되어 함께 나아가십시오. 여러분의 미래는 무한합니다.

사랑하는 사람과 결혼하게 해달라고 기도하는 사람도 있지만 내 기도는 좀 다르다. 난 내가 결혼하는 사람을 사랑하게 해달라고 겸손히 간구한다.

– 로즈 패스터 스토크스

성공했지만 나눌 사람이 없다면 성공이라 할 수 없다.

– 덱스터 예거

PURSUIT

우리 아이들이 우리보다 더 나은 삶을 살게 하려면
그들을 더 가르치고 더 열심히 일하게 하는 것 밖에 없다.
The only way our kids can have a better
life than we have is to teach them
more and work them harder.

- 「덱스터의 사업 비결」中 -

/ PURSUiT /
Success is hidden in the journey.

Success is Hidden In the Journey.

20

20장 / 성공은 **꿈**을 좇는 것이다

chapter 20

> 꿈을 품는 것으로 끝난 것이 아니다. 인생을 살만하게 만드는 것은
> 그 꿈을 좇는 것, 추구하는 것이다. - 덱스터 예거

성공은 필생의 꿈을 점진적으로 깨달아가는 과정입니다. 꿈은 물론 여러분도 계속 자랄 것이기 때문입니다. 놀라운 것은 여러분이 열심히 꿈을 좇으면 그 꿈이 여러분을 좇아오기 시작한다는 겁니다.

많은 경우, 행복은 여러분이 무엇에 집중하느냐의 문제입니다. 문제와 고통에 집중할 수도 있고 꿈에 집중할 수도 있습니다. 그런데 너무도 많은 사람들이 문제에 매몰되어 꿈에 충분히 집중하지 않습니다. 행복은 꿈을 품는 것에 있지 않습니다. 행복은 꿈을 좇는 것에 있습니다. 행복은 그것을 추구할 때만 행복이 됩니다.

크고 원대한 목표를 세워라

어떤 것을 얻는다는 것은 '이것을 꼭 하겠다'고 생각한 것을 달성하는 겁니다. 이제 여러분은 여러분이 해야 한다고 생각했던 일을 시작해야 합니다.

고교시절, 리치 빌비라는 친구가 자기 아버지 농장에서 일을 했

습니다. 덕분에 우리보다 용돈이 넉넉했던 그는 친구들과 함께 가게에 가면 한 턱씩 내곤 했죠. 그때, 나는 "언젠가 나도 너희들에게 한 턱 낼 수 있을 거야"라고 말했습니다.

아내와 함께 멋진 식당에서 식사를 하고 난 뒤에, 내가 재빨리 계산서를 집어들면 아내가 조용히 웃습니다. 그게 내가 제일 하고 싶었던 일이라는 것을 알고 있기 때문이죠. 지갑을 열어보고 돈이 얼마나 있는지 가늠해보지 않고도 덥석 계산할 수 있는 것 말입니다. 얼마일지 걱정하지 않고 물건을 선뜻 구입하는 것 말입니다.

나는 자유롭습니다. 돈 걱정을 하지 않죠. 여러분은 어떤 자유를 원합니까? 얼마나 높이 날고 싶습니까? 여러분의 꿈이 얼마나 커질까요? 다른 사람이 꿈을 포기하라고 하면 중간에 그만두겠습니까? 아니면 더 깊이 파겠습니까?

올해 목표를 이루지 못했다면, 그것을 포기할 것이 아니라 다시 목표를 세우면 됩니다. 너무 멀어서 '내가 제대로 알고 있기나 한 건가' 라는 생각이 들 만한 비전을 세우는 겁니다. '이룰 수 없는 꿈에 불과해' 라는 생각이 들 수도 있지만, 그런 생각을 접고 모든 것을 거십시오. 쉬운 목표를 세워서는 안 됩니다. 목표는 여러분을 늘려줄 수 있는, 성장시켜 줄 수 있는 그런 것이어야 합니다.

계속 꿈을 넓히고 추구하라

여러분의 꿈이 무엇이든 항상 활기와 열정을 유지하기 위해서는 꿈을 계속 넓혀가고 늘려가고 확장해가야 합니다. 단순히 꿈을 갖는 게 중요한 것이 아니라 꿈을 좇는 것, 추구하는 것이 중요한 겁니다. 그것을 다른 사람과 나누겠습니까?

꿈을 추구하는 것에서 지키는 것으로 넘어가지 마십시오. 지금 가진 것을 지킨다는 것은 있을 수 없습니다. 꿈을 추구하는 일을 중단하는 순간, 여러분은 추락하기 시작합니다. 인생의 힘, 인생의 에너지는 꿈에 있습니다. 그것은 결코 여러분의 IQ(지능지수)에 있는 것이 아닙니다. 더 큰 꿈을 품으면 그만한 IQ가 따라올 겁니다. 더 큰 꿈을 좇으면 인생의 커다란 장애물도 해결할 수 있게 됩니다.

벤자민 프랭클린은 보통의 미국인은 스물한 살에 죽고 예순다섯에 묻힌다고 했습니다. 나이와 상관없이 꿈을 잃는 순간, 살아있으되 살아있는 것이 아닙니다.

사람들은 "왜 어떤 사람들은 성공하는데, 또 다른 사람들은 성공하지 못하는 거지?"라고 묻습니다. 성공하지 못하는 사람들은 생각이 그들을 막았기 때문에 성공이 '죽은 것'입니다. '이만하면 됐어'라는 생각이 드는 순간, 문제가 시작됩니다.

내가 경험을 통해 배운 소중한 교훈 중의 하나는 절대로 '만족해서는 안 된다'는 것입니다. 현재의 상태에 만족하지 말고 계속 꿈을 꾸고 그것을 추구하기 바랍니다.

나에게는 추락은 절대 있을 수 없는 안전지대가 있었다. 하지만 정신없이 돌아가는 일이 마치 사면의 벽처럼, 감옥처럼 느껴졌다. 난 전에 해보지 못한 일을 해보고 싶은 마음이 간절했지만 내 안전지대에 머물면서 같은 땅을 계속 걸었다.

난 '내가 하는 일이 많지 않아도 괜찮아'라고 말했다.

난 '꿈이나 목표 같은 건 상관없어'라고 말했다.

난 안전지대 안에서 일어나는 일로 바쁘다고 했다. 그렇지만 내 마음 깊은 곳에서는 나만의 뭔가 특별한 것을 갈구하고 있었다.

난 그저 그럭저럭 살면서 다른 사람들이 이기는 모습을 바라보고만 있을 수는 없었다.
난 숨을 크게 들이쉬고 밖으로 나가 새로운 변화를 맞았다.
난 한 걸음 내디뎠고 전에 느껴보지 못한 새로운 힘을 느꼈다.
난 안전지대에 '작별'을 고하고 돌아갈 수 없도록 문을 닫아걸었다.
여러분이 지금 안전지대에 앉아 모험을 두려워하고 있다면 승자들도 한 때는 모두 의심에 가득차 있었다는 것을 기억하라.
신념에 찬 한 걸음이 여러분의 꿈을 실현시킬 수도 있다.
미소로 미래를 맞는다면 승리는 여러분의 것이 될 것이다! - 무명씨

하루가 가고 한 해가 가도 절대 흔들려서는 안 되는 두 가지가 있다. 하나는 목표에 대한 지조이고 또 하나는 현실에 대한 지속적인 불만이다. - 로버트 고이지에타

행복은 목적지가 아니라 여정이다. 행복은 그 자체로 목표가 아니라 일하고 놀고 사랑하고 살면서 얻어지는 부산물이다. - 하임 기노트

/ PURSUIT /
Success is hidden in the journey.

Success is Hidden In the Journey.

21

21장 / 성공은 **결정**이다

**당신이 자기 삶의 주인이 되지 않으면
다른 사람이 주인이 된다. - 존 애킨슨**

생각을 현실로 바꾸는 것이 곧 결정입니다. 운명은 기회의 문제가 아니라 선택의 문제입니다. 그런데 세상에는 조준을 똑바로 하고도 절대로 방아쇠를 당기지 못하는 사람들이 많습니다.

결정을 하지 않으면 신념의 흐름이 막힙니다. 신념은 결정이 있어야 작동하기 때문입니다. 인생의 다른 모든 것처럼 신념과 성공도 결정에 달려 있습니다. 모든 성공은 크든 작든 결정에서 시작됩니다. '우리가 만나는 모든 것을 바꿀 수는 없다'가 아니라 '만나지 않고 바꿀 수 있는 것은 아무것도 없다'가 맞습니다.

결정을 내리는 사람이 되라

절대 성장하지 않는 한 가지 길이 있습니다. 그것은 우유부단하게 결정을 미루는 겁니다. 가장 불행한 사람은 결정을 할 수 없는 사람입니다. 우유부단한 사람은 자기 인생을 사는 것이 아닙니다. '결정을 못해도 걱정할 것 없어. 다른 사람이 결정해줄 거야'라고 하면서 말이죠. 우유부단한 사람은 어둠 속에서 있지도 않은 검은 고양이를 찾는 봉사와 같습니다. 인생의 작은 문제와 기회는 결정으로 맞으십시오.

마음이 이리저리 분산되어 있으면 불안정할 수밖에 없고 그러면 쉽게 결정을 내리지 못합니다. 이때, 여러분이 그들의 책임을 덜어준다면 그들은 여러분에게 더 많은 것을 바라게 되고 혼자서기가 그만큼 더 어려워집니다. 노력을 통해 얻는 것이 아니라, 누군가 해줄수록 그들은 더 약해지는 겁니다. 다른 사람에게 결정을 맡기면 절대로 성장할 수 없습니다.

어떤 상황에서도 중립을 지키는 사람은 결코 중립적인 게 아니라 상황이 바뀌지 않기를 바라는 겁니다. 래리 빌랫은 "아무것이나 다 좋다는 사람은 믿지 마라. 다 나쁘다면서 아무것에도 관심이 없는 사람도 믿지 마라"라고 말했습니다.

가끔 틀리더라도 결정을 내리는 사람이 되십시오. 여러분이 꿈을 좇지 않기로 결정했다고 해도 상관없습니다. 그건 여러분의 결정이니까요. 그러나 다른 사람 때문에 못했다는 말은 하지 마십시오. 늘 남의 탓만 하는 유치한 행동은 그만둡시다. 다른 사람들이 여러분을 도울 수도 있지만, 결국 결정을 하는 것은 여러분 자신입니다.

시계가 하나뿐인 사람은 지금이 몇 시인지 압니다. 그러나 시계가 두 개인 사람은 결코 시간에 대한 확신을 갖지 못합니다. 여러분이 결정을 내리기 전에는 항상 주저하는 마음과 뒤로 물러서고 싶은 유혹이 있을 겁니다. 그 결과 되는 일이 하나도 없습니다. 여러분 마음이 하는 말을 들어보십시오. "난 결정했어"라고 한다면 여러분은 흥미진진하고 생산적인 인생으로 가는 길에 들어선 겁니다. 살면서 뭔가를 하기로 결정한 순간부터 인생은 바뀌기 시작합니다.

성공은 우연이 아니라 결정입니다. 여러분이 오늘 내리는 바로 그 결정 말입니다.

결정이 운명을 결정한다

여러분은 자신을 위해 아내를 위해 아이들을 위해 여러분의 미래를 위해 어떤 선택을 하고 있습니까? 우리 부부는 지금의 삶을 선택했습니다. 내 나이 마흔여섯일 때, 뇌졸중으로 쓰러졌고 고칠 수 없을지도 모른다는 얘기를 들었습니다. 만약 내가 직장을 다니고 있었다면 바로 해고를 당했겠죠. 내 몸의 오른쪽은 아직도 완전하지 않습니다. 이런 몸으로 할 수 있는 것은 많지 않지만, 그래도 나는 내 사업을 이루고 꿈을 추구하고 있습니다.

사람들은 흔히 남의 말 하기를 좋아합니다. 우리 역시 다른 사람들로부터 이런저런 얘기도 들었고, 그들이 우리를 어떻게 판단하는지도 알고 있습니다. 그러나 무엇보다 중요한 것은 여러분이 자신을 어떻게 보느냐, 여러분이 자신을 어떻게 생각하느냐 입니다.

여러분은 "너는 이게 틀렸어. 어디가 잘못되었어"라는 사람들의 판단을 헤쳐나가야 합니다. 성공은 결코 쉽지 않지만 실패보다는 쉽습니다. 실패는 평생 안고 살아야 하는 거니까요.

성공은 항상 결정을 따라옵니다. 그럼에도 너무나 많은 사람들이 다른 사람들이 한 말을 걱정하느라 갈 길을 가지 못하고 있습니다. 성공하려면 먼저 자신이 어디로 가고 있는지 알아야 합니다. 원하는 것이 무엇인지 마음을 정해야 합니다. 언제까지나 중립지대에 머물 수는 없습니다.

세상에는 두 가지 타입의 사람이 있습니다.

하나는 책임을 지고 어떤 일을 이루기 위해 필요한 일은 무엇이든 하는 사람이고, 다른 하나는 할 수 있는 일만 하려고 하는 사람입니다. 최고의 위치에 오르고 싶다면 필요한 일은 무엇이든 하는 사람이 되어야 합니다. 그것이 인생의 법칙입니다.

우리가 가진 가장 큰 자산은 꿈을 꾸려는 의지와 다른 사람에게 꿈을 빼앗기지 않겠다는 의지입니다. 꿈이 없는 사람은 죽은 목숨이나 마찬가지입니다. 꿈이 인생이자 희망 그리고 우리의 모든 것입니다.

미래를 여는 열쇠는 아직도 선택의 여지가 있고 그것은 우리가 결정을 할 수 있다는데 있습니다. 여러분이 어디에 자신을 던지느냐가 지금의 모습을 앞으로 이루게 될 모습으로 바꾸는 열쇠가 될 겁니다. 결정이 운명을 결정합니다.

선택하지 않겠다는 것도 일종의 선택이다. 불신도 일종의 믿음이다.
– 프랭크 배런

당신이 결정을 내리면 우주가 그 결정이 현실이 되도록 도와준다.
– 랠프 왈도 에머슨

/ PURSUIT /
Success is hidden in the journey.

Success is Hidden In the Journey.

22장 / 성공은 **어려운 일**이다

chapter 22

자신감을 높이는 가장 좋은 방법은
해야 할 일을 하는 것이다. - 덱스터 예거

아무리 좋은 아이디어일지라도 실천하지 않으면 아무런 의미가 없습니다. 아무리 뛰어난 성공법칙도 여러분이 실천하지 않으면 소용이 없습니다. 빈둥거릴 시간이 어디 있습니까? 어차피 죽으면 썩을 몸인데, 열심히 일해 보는 것이 어떻습니까?

행동하라

알기만 하고 아무것도 하지 않는 것은 씨도 뿌리지 않고 밭을 가는 것과 같습니다. 야망은 노력과 파트너가 되지 않으면 아무것도 이루지 못합니다.

그렇기 때문에 나보다 나은 수많은 사람들이 중간에 그만둔 겁니다. 그들은 '원하는 것은 많지만' 행동으로 이루는 사람이 아니었던 거죠. 저절로 이루어지는 꿈은 없습니다.

▷ "말을 실천으로 옮기지 않는 사람을 조심하라" - 테오도르 루즈벨트

사람을 판단하는 기준은 행동입니다. 가만히 앉아만 있는데, 커다란 장애물을 만났다는 얘기는 들어본 적이 없습니다. 어느 유명한 시에 이런 시구가 있습니다.

"가만히 앉아서 바라기만 하는 사람은 절대 위대한 사람이 될 수 없다. 신은 낚싯대를 주셨지만, 미끼를 캐야 하는 것은 당신 자신이다."

행동은 아무리 사소한 것일지라도 위대한 생각만 하는 것보다 낫습니다. 여러분이 바른 행동을 할 때 역사가 만들어집니다. 행동은 지식이 마땅히 맺어야 할 과실입니다. 아이디어를 가지고 있는 것은 트랙에 앉아 있는 것과 같습니다. 그러므로 일어나 달려야 합니다.

잠언은 "게으른 자여 개미에게로 가서 그 하는 것을 보고 지혜를 얻으라. 개미는 두령도 없고 주권자도 없으되 여름 동안에 예비하여 추수 때에 양식으로 모으느니라"라고 말하고 있습니다. 부지런히 움직이는 개미로부터 교훈을 얻으십시오. 개미는 어떠한 설교자보다 낫지만, 아무 말도 하지 않습니다. 존경은 행함으로 얻는 겁니다. 행함이 없으면 무시를 당할 수밖에 없습니다.

어떤 사람이 아이디어를 낸다는 것은 그 전에 같은 생각을 한 사람이 열 명은 되지만, 그들이 아무것도 하지 않았다는 것을 의미합니다. 마크 트웨인은 "천둥은 훌륭하다. 천둥은 놀랍다. 그렇지만 일은 번개가 한다"라고 했습니다. 이 책이 좋은 책인지 아닌지는 독자들이 나가서 "재미있는 책이었어"가 아니라, "이런 일을 하겠어"라고 하는지 아닌지를 보면 됩니다.

엄청난 기회가 여러분의 꿈을 따라오고 있습니다. 그 기회를 살리려면 먼저 여러분이 일을 해야 합니다. 성공을 하려면 노력해야 합니다. 그냥 되는 일은 없습니다. 여러분이 되도록 만들어야 합니다.

더 많은 것을 원한다면 더 열심히 일하라

살다보면 괴로운 날도 있고 코너에 몰리기도 합니다. 그때, 만약 도망가기로 결정한다면 평생 도망만 다니면서 살아야 합니다. 부딪쳐서 이겨내십시오. 벽을 뛰어넘지 못하면 새로운 세상을 알 수 없습니다.

관중석을 넘어 경기장으로 나오십시오. 이론만 가지고 운명을 완성할 수는 없습니다. '실행'이 있어야 합니다. 실행하지 않으면 아무리 용하다는 성공의 비밀도 무용지물이 됩니다. 독수리와 함께 날 자격을 갖추려면 땅에 엎드려 닭과 날개치는 연습이라도 해야 합니다.

번영이란 열심히 일하고 성장하고 생존하고 그래서 그것을 감당할 만큼 강해진 사람에게 주어지는 신의 선물입니다.

이것 하나만큼은 확실하게 말할 수 있습니다. 원하는 만큼 성공하지 못했다면 먼저 더 열심히 일하는 법을 배워야 하고 그런 다음 더 똑똑하게 일하는 법을 배워야 합니다. 더 열심히 일하지 못한 사람은 똑똑하게 일하는 법을 배우지 못합니다. 실패를 할 만큼 해서 "지금까지처럼 실패하지 않도록 이걸 고쳐야겠어"라고 말하는 사람만 똑똑하게 일하는 법을 배울 수 있기 때문입니다.

▷ "열심히 일하지도 않고 성공을 바라는 것은 심지도 않고 거두려는 것과 같다." - 데이비드 블라이

더 많은 것을 원한다면 더 좋은 것을 가지십시오. 더 좋은 것을 가질 수 있는 유일한 방법은 여러분의 생각을 바꾸는 겁니다. 생각을 바꾸면 돈은 자연히 따라옵니다. 자기 자신에게 투자하는 셈이죠.

작은 사업을 하고 싶으면 작은 사업을 하듯이 하십시오. 시간도 조금 쓰고 돈도 조금만 투자하십시오. 그렇지만 큰 사업을 하고 싶다면 큰 사업을 하듯이 하십시오. 시간도 많이 투자하고 더 열심히 일하고 돈도 투자하십시오. 그러면 큰 사업이 될 겁니다.

실패란 절대 있을 수 없는 것처럼 일하라

꿈이나 신념이 아무리 좋아도 실천하지 않는다면 아무것도 아닙니다. '이런 사람이 되어야지'라고 꿈만 꾸고 있을 수만은 없습니다. 게으른 사람이 유일하게 성공하는 때는 아무것도 안 하려고 할 때입니다. 그것을 아주 적절하게 표현한 유명한 속담이 있죠.

"게으름은 너무 걸음이 느리기 때문에 빈곤에게 곧 따라잡힌다."

게으른 사람은 두 배 더 열심히 일해야 합니다. 뭔가를 열심히 하는데, 아무런 결과도 없는 때가 곧 시험의 시기입니다. 아무것도 안 하는 것은 불가능하다고 말하는 사람도 있지만, 실제로 매일 아무것도 안 하는 사람들이 정말 많습니다.

일하지 않으면 보상을 누릴 수가 없습니다. 패자들이 놓이는 재정적, 육체적, 정신적 위치에 있고 싶습니까? 일하지 않으면 그러고 싶지 않아도 그렇게 될 수밖에 없습니다.

"자신이 없어요", "난 할 수 없어요"라는 말은 하지 마십시오. 아직 시도도 안 했잖습니까? 일단 시도를 해보면 여러분이 최고라는 것을 알게 될 겁니다. 어떻게 최고가 되는지 아십니까? 최고가 되기로 마음을 먹으면 됩니다. 그 생각으로 일하고 그 생각으로 놀고 그 생각을 즐기십시오. 그 생각에 여러분의 모든 것을 거십시오.

목표를 정하고 실패란 절대 있을 수 없는 것처럼 일하십시오. 아시겠습니까? 절대 '성공할 수 없을 거야'라는 생각으로 일하는 게 아닙니다. 실패란 불가능한 것처럼 일하십시오. 여러분의 운명은 여러분의 선택에 달려있습니다. 우리가 모든 것을 좌지우지할 수는 없지만 우리의 행동은 좌지우지할 수 있습니다. 그리고 그 행동이 우리의 결과를 좌우합니다. 그러니 큰 꿈을 향해 가십시오. 실패가 불가능한 것처럼 일하면 상상도 못할 큰 성공을 이루게 될 겁니다. 꿈이나 미래에 한계를 두지 마십시오.

행동이 답이다

아이들이 여러분을 자랑스러워하기를 바란다면 행동으로 보여주십시오. 행동이 답입니다. 그저 그런 사람이 아니라 중요한 사람이 되려면 행동해야 합니다. 그리고 여러분 자신의 모습을 찾는 것이 무엇보다 중요합니다. 나는 다른 사람들이 나에 대해 뭐라고 하든 상관하지 않습니다. 그들이 우매해도 나는 그들을 사랑할 겁니다. 중요한 건 나는 승리했고 그걸 알고 있다는 겁니다. 여러분 역시 승리했습니다. 그런데 여러분은 그걸 알고 있습니까? 알고 있다면 승리한 사람처럼 살 것이고 행동할 겁니다.

사람들을 존중하는 법을 배우면 그들의 친구가 될 수 있는 기회가 열립니다. 나는 전직 대통령 다섯 분을 개인적으로 알고 지냅니다.

고등학교도 겨우 나오고 말솜씨도 서툴던 사람치고는 나쁘지 않죠? 행동이 그런 차이를 만들었습니다.

일을 할 때 우리는 희열을 느낍니다. 아무것도 안 하고 있으면 그 희열을 느낄 수가 없습니다. 나는 밖으로 나가 어떤 난관이 닥치든 일을 하는 사람입니다. 불평이나 하고 있지는 않습니다. 그것이 오늘의 나를 만들었습니다. 해밀튼 홀트가 한 말을 마음에 새기십시오.

"가치있는 것은 절대 쉽게 얻어지지 않는다. 절반만 노력하면 절반의 결과를 얻을 수 있는 것이 아니라 아무 결과도 얻을 수 없다. 일하라. 계속 일하고 열심히 일하는 것, 그것만이 영속적인 결과를 이룰 수 있는 유일한 길이다."

'일' 전에 '성공'이 오는 경우가 있다면 그건 사전에서 뿐이다. - 아서 브리스베인

기회는 보통 변장을 하고 온다. - 무명씨

성공은 어떤 지위에 올랐느냐가 아니라 그 지위를 얻기 위해 어떤 난관을 넘었느냐로 판단하는 것이다. - 부커 T. 워싱턴

인생의 가장 큰 상은 할만한 가치가 있는 일을 열심히 할 기회가 주어지는 것이다. - 무명씨

/ PURSUiT /
Success is hidden in the journey.

Success is Hidden In the Journey.

23장 / 성공은 **실패**의 역사다

chapter 23

> 나는 내 업계에서 가장 많은 실패를 했다. 그랬기 때문에 가장 큰 성공을 거둔 것이다. - 덱스터 예거

실수에는 우리를 돕는 힘이 숨겨져 있지만 우리가 그 실수를 남의 탓으로 돌리면 그 힘이 사라집니다. 변명을 한다는 것은 변화하고 개선할 힘을 포기하는 겁니다. 우리는 모두 실패와 실수를 경험합니다. 사실, 성공한 사람들은 보통 사람들보다 실패를 더 많이 경험합니다.

가장 많이 실패해본 사람이 가장 높이 올라간다

아무것도 기대하지 않는 사람은 실망도 하지 않습니다. 시도하지 않는 사람은 실패도 하지 않습니다. 지금 뭔가를 성취해가고 있는 사람은 동시에 실패의 위험을 안고 가는 겁니다. 아무것도 안 하는 것보다는 뭔가를 하다가 실패하는 것이 낫습니다. 흠이 있는 다이아몬드가 완벽한 벽돌보다 더 가치가 있는 법입니다. 실패가 없는 사람은 성공하기도 어렵습니다.

▷ "누구를 칭찬할 것인가는 신경쓸 필요가 없지만 누구를 탓할 것인가는 신중히 판단해야 한다." – 에드몬드 고시

성공은 사람들이 흔히 생각하는 것과 거리가 있습니다. 성공은 실패의 역사입니다. 가장 많이 실패해본 사람이 보통 가장 높이 올라갑니다. 나 역시 사업을 하면서 바보같은 짓을 많이 했습니다.

한 번은 연단에 앉아 어떤 여성의 다리를 톡톡 두드리며 "굉장한 한 해죠?"라고 한 적이 있습니다. 두드릴 때는 그게 영부인 낸시 레이건의 다리라는 것은 생각지도 못했죠. 그 해는 로널드 레이건이 대통령으로 당선되던 해였습니다.

아내와 나는 무엇을 하든 온갖 실수를 다 저질렀습니다. 하지만 우리의 일이 제대로 되기를 바라는 마음 하나를 부여잡고 쉽게 포기하지 않았죠. 둘 다 쉽게 포기하지 못하는 고집이 있었던 것 같습니다. 성공하고 싶다면 실패에 대처하는 법을 배워야 합니다. 실패는 성공을 가르치는 일종의 훈련소 역할을 합니다.

얼마나 많이 쓰러지든 다시 일어서면 실패가 아니다

나는 매일 신념에 차서 집을 나섭니다. 물론 그 신념이 맞을 때도 있고 틀릴 때도 있습니다. 설사 틀릴지라도 나는 뭔가를 바꿀 수 있는 기회를 놓치느니 틀리는 쪽을 선택하겠습니다. 실수에 매몰되든 실수를 인정하고 다시 일어나 걸어가든 그것은 우리의 선택에 달려 있습니다.

성공은 넘어지는 횟수보다 한 번 더 일어나는 경험이 쌓여 이루어집니다. 에드 코울은 "물에 빠져서 익사하는 게 아니라 물에서

나오지 않기 때문에 익사하는 것이다"라고 했습니다.

꿈이 있는데 문제가 없다면 제대로 된 꿈이 아닌 겁니다. 루이사 메이 앨코트와 같은 태도를 가지십시오. 그녀는 "난 폭풍이 두렵지 않다. 배를 어떻게 조정해야 하는지 배우고 있기 때문이다"라고 했습니다. 또한 새뮤얼 러버는 "환경은 약자에게는 폭군이지만 현자에게는 도구다"라고 했습니다. 문제에 끌려다니지 말고 여러분이 주도권을 쥐십시오. 여러분이 지금 직면한 문제는 여러분이 최선을 다할 기회입니다.

떨어지는 동안 실패에 집중하지 말고 꿈에, 보상에 집중하십시오. 사람들이 성공하는 과정에서 가장 배우기 어려워하는 것이 실패를 극대화하는 겁니다. 여러분을 무너뜨리는 것은 실패가 아닙니다. 그 실패를 어떻게 다루느냐 하는 겁니다. 우리는 에디슨이 1만 번에 가까운 실패를 했음에도 그것을 딛고 일어서 결국 전구에 불을 켜는 방법을 찾아냈다는 얘기를 자주 합니다. 여러분도 1만 번에 가까운 실패를 딛고 일어서겠습니까? 성공이란 그런 겁니다. 성공보다 실패를 더 많이 하는 겁니다. 사람들이 여러분의 성공과 실패를 세고 있을 때 여러분은 꿈을 좇아가십시오. 과거의 실패가 미래의 실패가 되지 않도록 하십시오.

다시 시작해야 하는 것이 뭐가 문제입니까? 살아있어서 다시 시작할 수 있다는 것은 축복입니다. 여러분은 상황을 제대로 볼 필요가 있습니다. 나는 뇌졸중으로 쓰러져 고생했습니다. 전처럼 잘하지 못하는 부분도 있습니다. 그렇지만 지금 가진 것을 훨씬 더 소중히 여기고 감사하는 마음이 생겼습니다. 나는 항상 감사할 조건을 헤아려봅니다. 부정적인 믿음이 아니라 긍정적인 믿음을 가지십시오.

승자는 항상 문제를 가지고 해결책을 만듭니다. 비극 속에서도 축복을 찾아냅니다.

펀치를 맞고 바닥에 쓰러졌어도 심판이 열을 세는 동안 일어나면 괜찮은 겁니다. 승자는 절대 쓰러진 채로 머물지 않습니다. 얼마나 깊이 떨어졌느냐가 아니라 얼마나 높이 치고 오르느냐가 모든 차이를 만듭니다. 다시 일어나 싸우십시오. 한 번 싸움에 이긴 것은 큰 차이를 만들지 못합니다. 나는 관에 못을 박는 날까지 싸우고 싶습니다. 아마 관에 누울 때도 나는 다른 영혼에게 이런 말을 하지 않을까 싶습니다.

"이보게, 여기서 일어나 하늘나라로 가세. 거기서 다시 일을 시작해야지. 아직 할 일이 남았지 않은가?"

나는 여러분이 이 책에서 꿈을 찾기를 바랍니다. 그 꿈이 무엇인지, 지금까지 어떤 실수를 해왔는지는 중요하지 않습니다. 꿈은 실패 때문에 죽는 것이 아닙니다. 냉담한 무관심 때문에 죽는 겁니다.

승자는 절대 쓰러진 채로 머물지 않는다

나는 매일 어떤 축복을 받았는지 세어보는 것으로 하루를 시작합니다. 몸이 아플 때는 아파서 감사하다는 기도를 올립니다. 아프지 않다면 죽은 것일 테니까요. 또한 나는 문제가 있어 감사하다는 기도를 합니다. 문제는 나에게 축복이기 때문입니다.

원망만 하지 말고 개선을 하십시오. 더 잘할 방법을 찾으십시오. 더 훌륭한 꿈을 꿀 방법을 찾으십시오. 새로운 경험을 할 때마다 우리는 돈을 주고도 못 배울 소중한 것을 배우는 겁니다. 왜 우리가 똑똑한 머리를 가지고 파산을 해야 합니까?

세상에는 좋은 면을 바라보는 사람보다 나쁜 면을 바라보는 사람이 더 많습니다. 그래서 부자가 되지 못하고 가난해지는 겁니다. 부자가 되려면 생각을 바꿔야 합니다. 성공하는 습관을 길러야 합니다. 사람들의 말을 개인적인 비난으로 받아들이는 습관을 버려야 합니다. 완벽하기를 기대하지 마십시오. 완벽한 사람은 없습니다.

중요한 것은 한 번 성공을 했을 때 다시 할 수 있음을 아는 겁니다. 물론 계속 실패만 하면 앞으로도 실패만 할 것 같은 생각이 듭니다. 그때도 여러분이 할 수 있는 일에 대한 믿음을 버려서는 안 됩니다. 한두 번만 성공해 보면 다시 성공할 수 있다는 믿음을 갖게 됩니다. '한 번 해봤으니 백 번도 할 수 있어'라는 생각을 하게 되는 겁니다.

사람들이 여러분의 성공을 두고 '운이 좋았기 때문'이라고 말하면 상당히 기분 나쁩니다. 아마도 그것은 최대의 모욕일 겁니다. 설사 운이 좋았을지라도 여러분이 스스로 선택하거나 행동하지 않았다면 성공을 거두지 못했을 겁니다. 세상의 모든 사람들은 어떤 형태로든 축복을 받습니다. 다만, 축복보다는 슬픔만 세고 있는 사람이 너무 많기 때문에 성공하지 못하는 것입니다.

아무것도 안 하는데 선수가 되기보다는 뭔가를 하다가 실패하는 것이 낫습니다. 실수와 실패는 성공으로 가는 확실한 디딤돌입니다.

▷ **"사람들은 성공과 실패가 반대말이라고 생각하지만, 알고 보면 그것은 같은 과정의 산물이다."** – 로저 본 오크

실패의 시기는 성공의 씨를 뿌리기에 가장 좋은 시기입니다. 그 때를 놓치지 마십시오. 주저앉아 한탄만 하고 있다가는 다가온

기회를 놓치기 십상입니다.

여러분이 살면서 할 수 있는 가장 큰 실수는 실수할 거라는 두려움을 떨치지 못하는 겁니다. H. 스탠리 주드는 "실패를 두려워하지 마라. 실패를 무마하려고 기를 쓰지 마라. 실패하지 않으면 성장할 수도 없다"라고 말했습니다.

성공으로 가는 길은 늘 공사중!

사람들은 간혹 나에게 이렇게 말합니다.

"이건 불공평해요."

우리는 각자 짊어지고 갈 짐이 다릅니다. 정말로 인생은 공평하지 않습니다. 그러므로 자신의 짐을 좋아하는 법을 배워야 합니다. 이런 속담도 있지 않습니까?

"모든 사람은 마음먹은 만큼 행복하고, 마음먹은 만큼 비참하다."

또한 사람들은 이렇게 말하기도 합니다.

"그래요. 당신은 성공했으니까 행복하고 그런 긍정적 태도도 가질 수 있는 겁니다."

이런 말을 들으면 나는 망설이지 않고 대답합니다.

"아니오. 그렇지 않습니다. 오히려 그 반대입니다. 제가 이렇게 성공하고 행복한 것은 빈털터리가 되었을 때, 긍정적인 태도를 가졌기 때문입니다. 어떤 일이 생기든 긍정적인 면을 보려고 노력했기 때문입니다."

세상이 여러분을 지배할 것이라고 생각해서는 안 됩니다. 반대로 '이건 내 세상이야. 세상이 얼마나 반항을 하든 내가 갖고야 말겠어'라고 생각해야 합니다.

성공으로 가는 길은 항상 공사중입니다. 왜 공사중인지 아십니까? 너무 많은 사람들이 지나가고 또한 돌아갔기 때문입니다. 어떤 사람들은 길만 망쳐놓고 다시 집으로 갑니다. 그렇게 무너지고 튀어나온 거친 길을 모든 것을 건 사람이 지나갑니다. 그들은 가면 갈수록 지나간 사람이 적기 때문에 길이 평탄해진다는 것을 알고 있습니다. 그렇지만 처음 길을 나섰다가 패이고 무너지고 튀어나온 부분을 만나면 곧바로 돌아가는 사람들이 너무 많습니다.

여러분은 농부의 마음을 가져야 합니다. 농부는 한파로 농사를 망치든 태풍이 불어와 곡식을 쓸어가 버리든 다음 해에는 어김없이 씨앗을 뿌립니다. 그리고 수확 중 일부는 다음해 씨로 쓸 수 있도록 남겨두어야 한다는 것을 압니다.

계속 씨를 뿌리면 자라고 자라서 수확을 하게 됩니다. 뿌린 대로 거둔다는 말이 맞습니다. 우리는 씨를 많이 뿌리는 법을 배워야 합니다. 우리가 뿌린 씨가 모두 수확으로 이어지는 건 아닙니다. 그중 일부는 바람과 햇볕에 말라버릴 겁니다. 어떤 것이든 문제는 생길 겁니다. 그래도 때를 기다리는 자세로 묵묵히 자신의 길을 가야 합니다.

자기 자신을 이길 때마다 점수를 적어두십시오. 그 점수가 차곡차곡 쌓여가는 것을 보면서 뭔가를 할 수 있다는 믿음을 키우십시오. 여러분은 여러분이 믿는 대로 됩니다. 승자는 미리 이길 것이라 예상하는 사람입니다.

에이브러햄 링컨은 역경을 성공적으로 넘어선 훌륭한 모범사례를 보여주고 있습니다.

1831년 사업에 실패함.

1832년 국회의원 선거 낙선.

1833년 사업에 또 실패.
1835년 아내를 잃음.
1836년 신경쇠약에 걸림.
1843년 국회의원 선거 낙선.
1855년 상원의원 선거 낙선.
1856년 부통령 낙선.
1858년 상원의원 선거 낙선.
1860년 대통령에 당선.

뭔가를 하려다 실패한 사람이 아무것도 해보지 않고 성공한 사람보다 훨씬 낫다.
- 로이드 존스

실패에서 배워라. 실패는 좀더 현명하게 시작할 수 있는 기회다. - 헨리 포드

인생에 실패가 없다면 그만큼 위험을 감수하지 않은 것이다. - 무명씨

인생의 낙오자 중에는 자신이 얼마나 성공 가까이에서 포기한 줄 모르는 사람들이 많다. 난 실패한 적이 없다. 전구에 불을 밝히는 10,000가지 방법을 찾았을 뿐이다. 그 중 9,999가지는 효과가 없었고 한 가지는 효과가 있었다. - 토마스 에디슨

비난을 피하는 확실한 길이 하나 있다. 아무것도 되지 않고 아무 일도 하지 않는 것이다. 모든 야망을 죽이는 것이다. 이 방법은 절대 실패하지 않는다. 여러분의 마음이 시키는 대로 하라. 어떻게 해도 비난은 받게 되어 있다. 해도 욕을 먹고 안 해도 욕을 먹는다. - 엘리노어 루즈벨트

/ PURSUIT /
Success is hidden in the journey.

Success is Hidden In the Journey.

24

24장 / 성공은 **최고**를 추구하는 것이다

chapter 24

앞을 보지 못하는 것이 슬픈 것이 아니라
비전이 없는 것이 슬픈 것이다. - 헬렌 켈러

언젠가 화재로 병원이 못쓰게 되었는데도 진료를 계속했던 유명한 의사에게 발을 치료받은 적이 있습니다. 그는 "진료실이 엉망이라 죄송합니다. 처음 오셨는데 이런 모습을 보여드리게 됐군요. 2주일 전에 옆 사무실에 화재가 나서 모두 타버리는 바람에 이렇게 됐습니다. 보험회사에서는 아예 문을 닫으라고 하더군요"라고 말했습니다. 보험회사에서는 손실금액을 보전할 만큼 보험료를 지급할 테니 병원문을 닫으라고 했다는 겁니다. 하지만 그 의사는 환자들의 믿음을 저버릴 수 없어 폐허 속에서도 진료를 했던 것입니다.

"저에게는 보험회사에서 나오는 돈보다 진료가 더 중요합니다. 사소한 문제가 있긴 하지만, 오늘 진료로 저를 판단하지는 마십시오. 모든 것이 갖춰지면 많이 다를 테니까요. 제가 아무리 못해도 다른 곳에서 받는 최상의 진료보다는 나을 겁니다."

나는 그를 보면서 '최고를 추구하는 사람들은 분야에 상관없이 똑같구나' 하는 것을 깨달았습니다. 언제 어떤 상황에서든 최선을 다하는 것이 중요한 겁니다.

최선에 진실하라

인격은 모든 가치있는 성공의 진정한 토대입니다. "세상 사람들이 모두 나 같다면 세상은 어떤 모습일까?"하고 자문해 보십시오. 한결 나아지겠습니까? 아니면 우울해보입니까?

최선에 진실하십시오. 조지 버나드 쇼는 "당신을 깨끗하고 환하게 유지하라. 당신은 자신이 세상을 보는 창이기 때문이다"라고 했습니다. "당신이 아는 최고의 목표에 당신이 가진 가장 좋은 것을 걸어라. 지금 당장"이라는 랄프 소크만의 충고를 따르십시오.

단순히 나쁜 일을 안 하기로 결심한다고 해서 좋은 사람이 되는 것은 아닙니다. 중간이 되지 않기로 결심한다고 최고가 되는 것은 아닙니다. 지지 않겠다는 결심만으로는 승리할 수 없습니다. 존재의 이유가 될만한 뭔가가 있어야 합니다. 목적을 위해 꿈을 위해 최고를 위해 존재하십시오. 우리는 최고를 찾아 최고에 집중해야 합니다.

양다리를 걸치면 두 배는 빨리 실패합니다. 트라이언 에드워즈는 "생각이 목적이 되고 목적은 행동이 된다. 행동은 습관을 만들고 습관은 인격을 결정한다. 그리고 인격은 우리 운명을 좌우한다"라고 말했습니다. 인격이란 여러분이 타고났거나 후천적으로 획득한 겁니다. 자신을 위해 좋은 것을 만들려고 하지 말고 자신을 좋은 사람으로 만들려고 하십시오.

단순히 성공을 추구하지 말고 최고를 추구하십시오. 그럼 성공이 따라올 겁니다. 얻기 위해서가 아니라 되기 위해 노력하십시오. 할 수 있는 한 최선을 다하고 결과는 하늘에 맡기십시오. 성공은 목표로

한 것을 달성하는 데서 찾아지는 것이 아니라, 달성해야 할 것을 목표로 하는 데서 찾아지는 겁니다.

평범한 사람이 감당하기에는 요구하는 게 너무 많다는 생각이 들 때도 있을 겁니다. 그럴 때 포기하지 말고 최선에 만족하십시오. 최선을 다했을 때, 가장 큰 성취감을 느낄 수 있습니다. 테드 잉스트롬은 "최고는 너 자신을 넘어설 것을 요구한다"라고 말했습니다. 인기를 위해 원칙을 팔지 마십시오. 가장 추한 말로를 맞게 됩니다.

최고를 향한 경주에는 결승선이 없다

한 여객기 탑승자들이 자리에 앉아 조종사들이 비행기를 띄우기를 기다리고 있었습니다. 그때, 갑자기 비행기 뒤에서 웅성거리는 소리가 들리더니 조종사와 부조종사가 검은 선글라스를 끼고 조종실로 걸어가는 게 보였습니다. 그런데 조종사는 흰 지팡이를 짚고 걸어오면서 이리저리 승객들에게 부딪히고 부조종사라는 사람은 맹인안내견을 앞세우고 오는 게 아닙니까? 승객들은 못된 장난이겠거니 생각하며 킥킥댔습니다.

그런데 잠시 후 조종실 문이 닫히고 엔진 돌아가는 소리가 나더니 비행기가 활주로로 들어서기 시작했습니다. 승객들은 설마 하는 눈빛으로 서로를 바라보며 자세를 바꾸거나 좌석 팔걸이를 꼭 잡았습니다. 비행기에 속도가 붙자 사람들은 어쩔 줄 몰라 했습니다. 기도하는 사람도 있었습니다. 활주로 끝이 다가오자 승객들의 히스테리는 극에 달했습니다!

비행기가 막 활주로를 벗어나려는 순간, 모든 승객들이 한꺼번에 소리를 지르면서 기내는 공포의 비명으로 가득 찼습니다. 바로 그 순간 비행기는 이륙을 해서 공중으로 날아올랐습니다.

조종실에서는 부조종사가 안도의 한숨을 쉬면서 조종사에게 말했습니다. "요즘엔 승객들이 비명을 너무 늦게 질러서 우리를 죽이러 오는 게 아닌가 하는 생각이 든다니까."

우리는 '안돼!'라는 비명을 지르지 않고 타협할 때가 너무 많습니다. 여러분은 얼마나 타협을 할 겁니까?

내가 아는 분 중에 연세가 일흔 다섯인데도 나보다 더 근육질인 분들이 있습니다. 내가 처음으로 뇌졸중으로 쓰러졌을 때 그 분들은 "자네는 몸 하나도 간수하지 못하는군. 돈은 좀 있을지 몰라도 툭 치면 쓰러지겠어"라고 하셨습니다. 여러분은 나이가 들어 어떤 모습이길 바랍니까? 어떤 사람이 되길 바랍니까? 조물주는 우리를 이류로 만들지 않고 최고로 만들었습니다. 우리는 성장해서 일류가 되어야 합니다. 우리는 꿈을 품어야 합니다. 우리는 믿음을 가져야 합니다.

더 잘할 수 있는 길이 있다. 그 길을 찾아라. - 토마스 에디슨

자기계발의 문은 안으로부터 열린다. - 무명씨

인생의 질은 어떤 분야에 있든 최고가 되기 위해 얼마나 노력했느냐에 따라 결정된다. - 빈스 롬바르디

성공한 사람들은 행동 중심적이라는 공통점이 있다. 평범한 사람들은 말만 거창하다는 공통점이 있다. - 브라이언 트레이시

/ PURSUIT /
Success is hidden in the journey.

Success is Hidden In the Journey.

25

25장 / 성공은 **습관**이다

chapter 25

> 동기가 시동을 걸어준다면 습관은 계속 가게 해준다.
> – 짐 론

성공한 사람들은 남자든 여자든 습관을 만듭니다. 그리고 그 습관이 다시 그 사람을 만들죠. 크게 성공한 사람은 자신이 만든 습관의 산물입니다. 아내와 나는 우리가 어디서 왔는지, 그동안 무엇을 달성했는지 압니다. 우리가 성취한 것 중 가장 큰 것은 사업체가 아닙니다. 효과적인 습관을 기르고 열심히 일하면 다른 사람들에게 물려줄 좋은 결과를 얻을 수 있다는 것을 알았다는 것입니다.

성공패턴을 배워라

사람들은 "하기 싫어요", "창피하잖아요", "불편해서 싫어요"라는 말을 너무 자주 합니다. 군중 속에 묻히든 리더의 길을 가든 둘 중의 하나를 선택하십시오. 리더라고 해서 하기 싫었던 적도 없고 불편했던 적도 없었을 거라고 생각하지 마십시오. 이 사업을 시작하면서 우리가 했던 모든 일은 어떻게 하는지 몰라 불편하기 짝이 없었습니다.

여러분의 습관을 주의깊게 살펴보십시오. 여러분의 습관이 성공과 실패를 좌우합니다. 여러분 한 사람 한 사람이 자신이 원하는 사람이 될 잠재력이 있지만, 그러기 위해서는 먼저 습관을 기르고 긍정적 태도를 키우고 다른 사람의 모범이 되어야 합니다.

언젠가 어떤 사람이 이렇게 묻더군요.

"헬스클럽에 가는 것이 그렇게 좋나요?"

물론 나는 좋다고 대답했죠. 그러자 그는 이해가 가지 않는다는 듯한 표정으로 다시 물었습니다.

"정말 좋아요?"

"본전을 뽑으려면 좋아해야죠."

나는 헬스클럽을 좋아하기로 결심한 겁니다. 만약 그렇지 않았다면 내 건강은 형편없이 나빠졌을 겁니다. 나는 내가 하는 일을 사랑하기로 결심했고, 그것이 바로 나의 좋은 습관입니다.

물론 나에게도 나쁜 습관이 있었습니다. 바로 손톱을 물어뜯는 습관입니다. 어떤 일을 진행하다가 갑자기 문제가 발생하면 나는 손톱을 물어뜯기 시작합니다. 처음에는 갈라진 데만 뜯었는데, 그것이 더 진행되어 새 손톱까지 물어뜯고 맙니다.

사업초기의 어느 날, 회의를 하고 있는데 어떤 사람이 그러더군요.

"덱스터 씨, 말씀하시는 걸 들으면 자신감이 넘치는 것 같은데 손톱을 보니 아니군요."

그래서 내가 말했죠.

"이거 말입니까? 그리 대단한 것도 아닌데요, 뭘. 이것 때문에 포기하시겠다는 겁니까? 제가 말씀드린 사업계획 기억하시죠? 저는 그 계획대로 추진할 겁니다. 제가 손톱을 물어뜯는다고 포기하지는 마십시오."

하지만 집에 돌아와 곰곰이 생각해보니 그것은 정말로 나쁜 습관이었습니다. 그래서 나는 '돈이 새는 것을 막으려면 손톱을 물어뜯는 버릇을 고쳐야겠군' 하고 결심했습니다. 처음엔 엄지손톱 하나만 물어뜯기로 했죠. 시간이 지나자 아홉 개의 손톱이 멀쩡해졌고 하나만 부러진 것 같은 모양이 됐습니다. 아홉 개를 안 무는 버릇을 들이자 나머지 하나를 고치는 건 문제도 아니었습니다. 이렇게 효과적인 성공패턴을 배워야 합니다.

얼마든지 좋은 습관에 익숙해질 수 있다

과거에 나는 모든 사람들의 성공을 보장해주고 싶었습니다. 하지만 어느 순간, 그것은 자기 자신만이 보장할 수 있다는 것을 깨달았죠. 여러분이 매일, 매주, 매월, 매년 하는 습관이 그것을 보장합니다. 다른 사람이 여러분에게 보장해줄 수 있는 건 아무것도 없습니다. 여러분이 그런 결심을 해야 합니다. 인생을 바꾸고 싶다면, 여러분이 먼저 바뀌어야 합니다.

특히 '말'은 정말로 잘 관리해야 할 중요한 습관입니다. '말'은 여러분 안에 있는 것을 바깥으로 드러내는 힘이 되기 때문입니다. 실패를 고백하면 실패가 여러분의 것이 되고, 성공을 고백하면 성공이 여러분의 것이 됩니다. 그러므로 여러분은 아침에 일어나 성공을 고백하는 습관을 길러야 합니다.

인생에서 무엇을 할 것인가는 여러분이 결정할 문제입니다. 여러분은 빈털터리가 아닙니다. 여러분은 어떤 꿈이든 가질 수 있습니다. 마음으로 믿는 것, 마음으로 품는 것은 이룰 수 있습니다. 그러나 먼저 그것을 믿어야 합니다. 다른 사람이 여러분을 얼마나 믿는가는 그리 중요하지 않습니다. 여러분이 자신을 믿어야 합니다. 일어나 해야 할 일을 할 수 있을 정도로 확고한 믿음을 가져야 합니다. 여러분을 능동적으로 만드는 습관을 기르기로 결심하십시오.

물론 습관 중 일부를 버리고 전에 한 번도 해본 적이 없는 일을 하는 것은 불편합니다. 마치 몸에 맞지 않는 옷을 입는 것처럼 어색하고 불편하죠. 그러나 그것에 익숙해지면 다시 전의 습관으로 돌아가는 것이 어려워집니다. 좋은 습관을 들이는 쪽으로 계속 나아가십시오. 점진적으로 나아가면 점점 좋은 습관을 여러분의 것으로 만들 수 있습니다.

> 사람이 운명을 결정하는 것이 아니다. 사람은 자신의 습관을 결정하고 그 습관이 그들의 운명을 결정한다. - 마이크 머독

> 여러분의 정신은 평소 어떤 생각을 하느냐로 결정된다. 영혼은 생각의 색으로 물들기 때문이다. - 마커스 아우렐리우스

/ PURSUiT /
Success is hidden in the journey.

Success is Hidden In the Journey.

26

26장 / 성공은 **인간관계**다

chapter 26

인간관계는 인생의 모든 진보와 성공과 성취가 자라는
비옥한 토양이다. - 벤 스테인

누구나 자신이 중요한 사람이기를 바랍니다. 또한 자신이 대접받는 만큼 상대방을 대접하고자 합니다. 그러므로 상대방을 소중하게, 특별하게 대접할수록 상대가 여러분에게 호의적으로 반응할 확률은 높아집니다. 인간관계는 가장 중요한 토대이면서도 학교에서는 배울 수 없는 어려운 문제입니다. 이것은 성공하는데 있어서 가장 중요한 기술이지만 가르치는 데가 많지 않습니다.

인간관계를 위한 10가지 원칙

사람들에게 인간관계에 대해 질문을 하면 보통 "저는 그 부분이 약하죠", "전 그건 잘 못해요", "사실은 사람들을 좋아하는 편이 아닙니다"라고 대답합니다. 정말로 그렇다면 바꾸십시오! 좋은 관계를 맺는 법을 배우기 전에는 어떠한 전략도 별로 소용이 없습니다.

나 역시 사람들 만나는 것을 두려워했었습니다. 자신감도 없는데다 긴장하는 것은 물론 말까지 더듬었죠. 성공한 사람들은 나 같은 사람에게는 관심도 없을 것 같고, 아직 성공하지 못했기 때문에 내가 하는 말에는 관심도 없을 것 같았습니다. 어느 순간, 나는 나를 바꿔야 한다는 것을 깨달았습니다. 그래서 생각하는 방식을 바꾸고 사람들을 사귀기 시작했습니다. 지금 내 친구 중에는 유명인 심지어 세계 정상들도 있습니다.

내가 사람들을 사귀는데 활용했던 기본원칙은 간단합니다. 그것을 알려드릴 테니 여러분은 어떤지 정직하게 돌아보기 바랍니다. 왜냐하면 인간관계가 여러분의 성공수준뿐 아니라, 그 여정을 얼마나 즐기면서 갈 수 있는지를 결정하기 때문입니다. 다음의 10가지 목록을 실천하십시오.

① 사람들에게 말을 거십시오.

지나치는 사람들에게 건네는 "안녕하세요?", "좋은 아침입니다"라는 간단한 말이 상대의 기분을 좋게 하고 세상을 좀더 정겨운 곳으로 만듭니다.

② 사람들에게 미소를 보내십시오.

사람을 매력적으로 만드는 가장 큰 무기는 미소입니다. 나에게 모르는 사람이란 없습니다. '아직 만나보지 못한 친구'가 있을 뿐입니다. 그들에게 말을 거는 겁니다. 미소는 여러분이 다정하고 친구가 되고 싶다는 것을 보여주는 사인입니다.

③ 사람들의 이름을 불러주십시오.

이름을 기억하기 위해 열심히 노력하십시오. 이름을 기억해준다는 것은 칭찬을 해주는 것과 같습니다. "당신은 이름을 기억해 둘만큼 중요한 사람입니다"라고 말하는 것과 같으니까요.

④ 친절하십시오.
'사람들이 문제'라는 식의 행동은 절대 금물입니다. 사람을 사귀는 것이 목표라는 것을 기억하십시오. 사람들은 문제가 아니라 열쇠입니다.

⑤ 사람들에게 진심으로 관심을 가지십시오.
어떻게 사는지, 무엇에 반응하고 어떤 목표가 있는지, 어떤 꿈이 있는지 알아보십시오. 여러분의 관심사가 아닌 그들의 관심사에 초점을 맞추십시오.

⑥ 칭찬은 후하게 비난은 신중히 하십시오.
겉으로는 그렇게 행동하지 않지만, 속으로 자신을 초라하다고 생각하는 사람들이 많습니다. 여러분은 각양각색의 사람들을 만날 겁니다. 그중에는 자동차나 값비싼 옷으로 초라한 자신을 가린 사람들이 많습니다. 그렇기 때문에 모든 사람을 칭찬하는 것은 큰 힘을 발휘합니다. 칭찬할 기회가 있으면 그냥 지나치지 말고 구체적으로 칭찬하십시오. 어떤 관계에서든 칭찬은 중요합니다. 나는 매일 사람들의 성공을 칭찬해주려고 합니다. 그 성공이라는 것이 그들에게 얼마나 사소해보이든 말이죠. 여러분의 시간을 비난하는데 쓰지 말고 개발하는데 쓰십시오.

⑦ 사람들의 감정을 존중하십시오.

다른 사람 입장에서 생각해보십시오. 여러분이라면 어떤 말을 듣고 싶습니까?

⑧ 베푸는 법을 배우십시오.

우리를 강하고 힘 있게 하는 것은 가만히 앉아서 다른 사람이 해주기를 기다리는 것이 아니라, 우리가 다른 사람에게 무엇을 해주는가 입니다. 다른 사람에게 봉사한다고 해서 우리가 하인이 되는 것이 아니라 오히려 보람을 느끼게 됩니다.

⑨ 사람들을 신뢰하는 법을 배우십시오.

신뢰가 관계를 지속시켜주는 끈입니다. 그 사람이 완벽하기 때문에 신뢰하는 것이 아니라 그 사람을 사랑해서 신뢰하는 겁니다. 약점에도 불구하고 믿어주는 것처럼 소중한 것이 없습니다. 그리고 실패한 사람을 믿는 것이 사랑입니다.

⑩ 유머감각을 키우십시오.

나는 나 자신을 농담거리로 삼는 법을 배웠습니다. 어떤 것도 너무 심각하게 받아들이지 않는다는 느낌이 들 때 사람들은 여러분 곁에서 편안함을 느끼게 됩니다.

이 10가지 원칙을 매일의 습관으로 바꾸십시오. 그러면 사람들은 여러분에게 좀더 호의적인 반응을 보일 겁니다. 여러분이 더 많이 안다고, 더 많은 테크닉을 연습한다고 해서 사람들의 마음을 얻을 수 있는 게 아닙니다. 사람들을 존중하는 법을 터득했을 때, 사람들은 마음을 엽니다.

여러분이 사람들에게 어떤 대접을 받고 있는지를 보십시오. 그것이 바로 여러분이 그동안 얼마나 베풀었는가를 보여주는 정직한 결과입니다. 위의 10가지 원칙을 습관으로 만들면 그 결과가 얼마나 좋아지는지 여러분 스스로도 놀라게 될 겁니다.

성공의 열쇠는 인간관계다

아내와 나는 슈퍼스타가 아닙니다. 다만 다른 사람들이 어떻게 슈퍼스타가 될 수 있는지를 가르쳤기 때문에 오늘의 위치에 이르게 된 것입니다. 먼저 다른 사람들의 성공을 돕지 않으면 진정한 성공을 이룰 수 없습니다. 내 목표는 다른 사람들이 나와 함께 있을 때, 자신이 특별하고 괜찮은 사람이라는 느낌을 받아 나를 또 다시 만나고 싶어하도록 만드는 겁니다.

나는 사업상의 관계를 사업적인 관계라고 생각해본 적이 없습니다. 나와 사업을 함께하는 사람은 모두 사업파트너나 동료 이전에 내 친구입니다. 나는 친구를 만들고, 그 친구들이 더 좋은 친구가 될 수 있도록 돕는 식으로 내 사업을 일궜습니다. 그러니까 내 사업의 기본단위는 '우정'인 셈입니다.

내가 사람들에게 사인을 해줄 때, 자주 쓰는 말이 "당신은 특별합니다"라는 겁니다. 나는 정말로 모든 사람이 특별하다고 믿습니다. 사람들이 여러분에게 특별하게 다가올 때, 상대를 특별하게 만드는 점이 보이기 시작합니다. 그들의 성격과 좋아하는 것, 싫어하는 것, 기분을 알게 됩니다. 또한 무엇으로 동기부여를 받는지 알게 됩니다.

　사람에 대해 알수록 그 사람이 최고가 될 수 있도록 돕기가 쉬워집니다. 더불어 사람들과 어떻게 이야기를 해야 하는지 알게 됩니다. 어떤 말을 해야 하는지, 어떤 말은 하지 않아야 하는지를 알게 되는 겁니다.

　관계를 맺는다는 것은 단순히 '사업을 늘려가는 것'을 의미하지 않습니다. 관계는 그 자체로 목표가 됩니다. 아내와 나는 우리의 인간관계가 탄탄해지는 것을 보았고, 직장에 다닐 때는 상상도 못했던 수준까지 성장하는 것을 체험했습니다.

　내가 생각하는 이 사업의 장점 중 하나는 우리가 매일, 하루종일 함께 있을 수 있다는 겁니다. 간혹 "매일 그렇게 같이 다니는데 싫증도 안 납니까?"라고 묻는 사람도 있습니다. 나는 "우린 함께 있으려고 결혼했고, 그게 좋습니다"라고 대답하죠.

　나는 물질적인 부 위에 사업을 일으킨 게 아닙니다. 관계 위에 사업을 세운 겁니다. 부는 다른 사람들이 더 좋은 사람이 되도록 도와주고 봉사한 결과로 얻어진 겁니다. 아내와 나는 사람들의 생활이 바뀌는 것을 보고, 그런 변화를 돕는 것을 좋아합니다.

　우리가 지금과 같은 성공을 거둘 수 있었던 이유는 우리가 다른 사람들에게 꿈꾸는 법을 가르치고 단순히 필요한 노력을 하라고 가르쳤기 때문이 아니라, 그 과정을 즐기도록 가르쳤기 때문입니다. 인생에서 성공하는 비밀은 주는 데 있습니다. 꿈꾸는 데 있습니다. 사랑하고 다른 사람들을 보살피는 데 있습니다. 사랑과 보살핌은 관계를 하나로 묶어주는 접착제입니다.

격려하라

격려를 해주는 사람이 되십시오. 격려는 모든 사람들이 항상 필요로 하는 겁니다. 성공한 사람들은 하나 같이 베푸는 법을 배웠습니다. 세상에서 크게 성공했다는 사람들의 면면을 보십시오. 분야에 상관없이 그들은 남을 격려할 줄 알았기 때문에 그 자리에 오른 겁니다.

작은 성공을 경험하면서 여러분은 자신에 대한 믿음을 키우기 시작합니다. 자신에 대한 믿음이 생기면 다른 사람들을 믿을 수 있게 됩니다. 그것이 바로 격려의 핵심입니다. 자신이 원하는 것을 추구할 용기를 가지고 다른 사람들에게 똑같은 용기를 북돋워주는 것 말입니다. 남을 격려해주는 사람을 보면 기회가 생길 때마다 그 사람 옆에 가고 싶어집니다.

누구와 관계를 맺느냐가 여러분의 갈 길을 결정합니다. 여러분에게 어울리는 사람이 여러분의 사고방식과 행동방식 그리고 여러분이 마지막에 서게 될 자리를 결정하기 때문입니다. 여러분이 서로 연락하는 사람들의 태도를 잘 관찰하십시오. 비판과 불평이 입에서 떠나지 않는 사람, 항상 다른 사람들의 잘못만 지적하는 사람은 여러분에게 부정적인 영향을 미칩니다. 부정은 어디에나 있고 전염병처럼 번집니다.

나는 사람들에게 신문이나 TV를 보지 말라고 합니다. 온통 부정적인 소식들뿐이니까요. 부정적인 말은 아무것도 이루지 못하는 투덜이들이 자신을 합리화하는 수단입니다. 부정적인 얘기 대신 성공담을 얘기하면 성공을 일구면서 살아가는 사람들이 있다는 사실을 받아들여야 하니까요. 그렇게 되면 그동안 해온 변명이 통하지 않으니까 그러기가 싫은 겁니다. 이런 사람들은 자신을 좀더 그럴싸하게 보이도록 하려고 남을 깎아내립니다.

부정적인 태도를 가진 사람들을 멀리하십시오. 실패하기로 마음먹은 사람들이 성공하기로 결심한 여러분의 길을 가로막지 못하도록 하십시오. 그 대신, 긍정적인 사람들을 찾아보십시오. 성공한 사람들을 찾으십시오. 긍정적인 사람들과 어울리면 성공을 촉진시키는 분위기가 형성됩니다. 그런 사람들을 가까이하고 그들의 조언에 귀를 기울이십시오. 그런 사람들이 다른 사람들과 어떻게 관계를 맺는지 유심히 살펴보고 거기에서 배우십시오.

나는 야심만만한 사람, 성공을 추구하는 사람들만 만났습니다. 큰 꿈을 가진 사람들, 실패로 낙담하지 않는 사람들과 사귀었습니다. 이런 사람들은 내가 긍정적인 태도를 유지할 수 있도록 도와줍니다. 사업을 하면서 나는 정말로 그런 친구들을 내 곁에 두고 싶었습니다. 이제 그 꿈이 실현되어 삶의 보람을 느낍니다.

사람들은 고맙다는 말을 듣고 싶어한다

여러분 자신을 매력적으로 만드는 비법 중 하나가 감사하는 태도를 갖는 겁니다. 상대에게 고마운 마음을 갖고 그 마음을 표현하면, 다음에 그를 만났을 때 평소 같으면 못 받을 것도 받게 됩니다. 사람들은 고맙다는 말을 듣고 싶어합니다. 고마워하는 사람들에게는 하나라도 더 퍼주려고 합니다. 반면, 고마워하지 않는 사람에게는 더 주려 하다가도 안 줍니다.

따라서 여러분이 지금 사람들에게 고마운 마음을 갖고 있다면, 그 마음을 효과적으로 보여줄 기술을 익혀야 합니다. "고마워"라는 말은 마술처럼 여러분 앞의 문을 열어줍니다. 사람들에게 고맙다고 할 기회를 찾으십시오. 많으면 많을수록 좋습니다.

사람들은 보통 겉으로 드러난 것만 보지만, 성공한 사람들은 밑에 숨은 것까지 봅니다. 정말로 효과적인 인간관계를 맺으려면 다른 사람들이 포착하지 못하는 면을 찾아야 합니다. 다른 사람들이 언급하지 않은 사소한 것을 칭찬해줄 기회를 찾으십시오.

또한 사람들이 미처 깨닫지 못한 그 사람의 장점을 찾으십시오. 그리고 그 장점을 깨닫도록 해주십시오.

여러분의 직업이 무엇이든 성공의 열쇠는 인간관계에 있습니다. 좋은 관계를 맺으면 인생이 행복합니다. 다른 사람과의 관계에 분쟁이 있거나 혼란이 생기면 인생이 고달파집니다. 사람을 이해하지 못하고 사람들과 어울려 사는 법을 모르면 돈을 아무리 많이 벌어도 행복해지지 않습니다.

복잡하게 생각할 것 없이 단순하게 친구가 되십시오. 그러면 이미 성공한 사람들이 깨달은 것, 즉 "중요한 것은 당신이 무엇을 아느냐가 아니라 누구를 아느냐이다. 단순히 누구를 아느냐가 아니라 아는 사람과 어떤 우정을 쌓았느냐이다"라는 말의 의미를 깨닫게 될 것입니다.

> 다른 사람 얘기만 하는 사람은 험담을 하기 쉽고, 자기 얘기만 하는 사람은 지루하다. 가장 유쾌한 대화 상대는 바로 상대방에 대해 이야기하는 사람이다. - 리사 커크

> 사람들은 당신이 자신에게 얼마나 관심을 갖는지 알기 전에는 당신이 얼마나 아는지에 관심이 없다. - 캐럿 로버트

누구나 "날 중요한 사람이라 말해줘요"라는 보이지 않는 사인을 목에 걸고 있다.
- 데일 카네기

다른 사람을 풍요롭게 하지 않고 스스로 풍요로워지는 사람은 없다. - 앤드류 카네기

칭찬 하나에 두 달을 기분좋게 살 수 있다. - 마크 트웨인

/ PURSUIT /
Success is hidden in the journey.

Success is Hidden In the Journey.

27

27장 / 성공은 **시스템**이다

chapter 27

> 모든 사람이 시스템을 가지고 있다. 그것이 성공시스템이냐
> 실패시스템이냐의 차이가 있을 뿐이다. - 덱스터 예거

성공시스템은 매우 중요합니다. 나는 그것이야말로 커다란 성공을 거둔 사람들이 가진 공통점이며, 아직 그만한 성공을 이루지 못한 모든 사람들이 배워야 할 점이라고 생각합니다. 내가 거둔 커다란 성공 뒤에는 시스템이 있었습니다. 다른 사람들도 같은 결과, 아니 내가 이룬 것보다 더 많은 것을 이루기를 바랍니다. 나만큼 좌절하지 않고 나만큼 정력을 낭비하지 않고 더 빨리 성공하기를 바랍니다.

시스템이 있으면 무엇이든 쉽다

나는 무엇을 하든 결과를 염두에 두었고, 그런 다음 내가 의도한 결과를 낼 수 있는 시스템을 만들었습니다. 그러면서 같은 것을 반복해서 생각하는데 들어가는 시간이 많을수록 효율성이 떨어진다는 것을 깨닫게 되었습니다. 그래서 평생을 들여 가능한 한 효율성을 극대화할 수 있는 시스템을 개발하고 조율했습니다. 그것은 지속적으로 예상 가능한 결과를 달성하기 위해서입니다.

시스템이 있으면 무엇이든 쉬워집니다. 시스템은 결정을 내린 후, 가장 빠른 시간 내에 원하는 결과를 얻도록 해줍니다. 나에게는 차 열쇠를 보관하는 것, 옷을 사고 입고 짐을 꾸리는 것, 사람들을 사업에 참여시키고 알아야 할 것들을 가르치는 것 등 모든 것에 대한 시스템이 있습니다. 나의 하루를 보면 전략을 짜고 새로운 사람들이나 그룹을 가르칠 때 무엇을 하고 어디를 가야한다는 시스템이 있습니다.

이러한 시스템에서는 일관성이 핵심입니다. 나는 항상 일관성 있는 모습을 보여왔기 때문에 아이들도 내가 어떤 상황에서 어떻게 행동할지 예상할 수 있습니다.

성공시스템에서 중요한 것은 그 시스템을 배우는 겁니다. 여러분이 팀에 속해 있거나 팀을 만들고 싶다면, 시스템을 만들고 일관성 있게 지켜나가야 성공할 수 있습니다. 그것은 여러분의 노력을 두 배, 세 배 심지어 몇 배로 배가시켜 줍니다.

시스템을 통해 노력을 배가하려면 시스템을 단순하게 유지해야 합니다. 따르기 쉽고 가르치기 쉬운 시스템을 만들고 그런 다음 기회가 있을 때마다 팀원들과 함께 다듬어 갑니다. 성공시스템이 없다는 것은 실패시스템을 가지고 있다는 것을 의미합니다. 결정을 내리기 어렵다면 실패할 결정을 내리고 있는 겁니다.

클레멘트 스톤의 『절대 실패하지 않는 성공시스템(The Success System that Never Fails)』에 보면 각 장마다 문이 하나씩 그려져 있고, 그 문에는 '작은 경첩이 큰 문을 연다' 는 말이 써 있습니다. 여러분이 얼마나 보잘것없는 사람인지는 중요하지 않습니다. 여러분이 여는 그 문이 얼마나 큰가가 중요합니다. 시스템은 작은 요소로 이루어져 있지만 큰 아이디어를 열어줍니다.

최고에게서 무엇을 해야 할지 배워야 합니다.

최고의 위치에 오른 사람들은 경험을 통해 배웠기 때문에 자신이 무슨 말, 어떤 행동을 하는지 잘 압니다. 최고를 따라하되, 좋은 점만 취하십시오. 최고에게 배워 적용하면 경험이 됩니다. 이러한 경험에는 여러분만의 개성이 더해지기 때문에 여러분의 것이 됩니다. 그렇기 때문에 각자의 경험이 다른 것입니다.

여러분이 가장 잘할 수 있는 것을 찾아 그 방법을 배우십시오. 완벽하게 할 수 있는 것이 아니라, 가장 잘할 수 있는 것입니다. 그것을 꾸준히 하십시오. 시간이 날 때마다 누가 옆에 있든 안 하면 죽기라도 할 것처럼 연습하십시오. 계속 나아질 수 있는 방법을 배우십시오. 연습만이 살 길입니다.

5~20개의 목표를 정하고 매일 확인하라

여러분의 인생에서 없어서는 안 될 요소를 5~10가지 찾으십시오.

그것은 여러분에게 힘을 주고 성공을 채찍질해주는 것이어야 합니다. 이유가 있어야 행동으로 옮기기가 쉽습니다. 돈은 이유가 될 수 없습니다. "1년에 한 2억 5천쯤 번다면…"이라는 말로는 부족합니다. 이미 그만한 돈을 벌고 있는 것이 아닌 이상, 자신과는 먼 딴 나라 얘기로만 들리기 때문입니다. 1년에 2억 5천을 벌면 무엇을 얻을 수 있는지를 알아야 합니다. 그때, 누릴 수 있는 생활수준을 생각해 보고 "난 이런 걸 누리고 싶어. 그러자면 1년에 '얼마'를 벌어야 하니까 그만큼 벌기 위해 노력하겠어"라고 해야 합니다.

여러분이 매일 꿈꾸는 것들 중에서 최소한 하나 정도는 실제로 느껴보아야 합니다. 이것은 제4장에 넣을 수도 있는 내용이지만, 너무 중요해서 따로 뺐습니다.

사람들이 '이걸 갖고 싶다' 혹은 '저걸 갖고 싶다' 라고 원하는 것을 정기적으로 보고 느끼면 실제로 그것을 가질 확률이 두 배로 늘어납니다. 구애를 하는 과정과 똑같죠. 그래서 나는 이를 두고 '꿈을 구애하는 과정' 이라고 합니다. 캐딜락을 원합니까? 벤츠를 타고 싶습니까? 그럼 영업소에 매일 가십시오.

사람들은 보통 "안 돼요. 아침 9시에서 오후 6시까지 일을 하는데요. 그리고 집에도 가야하고 미팅에도 가야하는데요. 그러다보면 거의 한밤중이 되어서 영업소는 문을 닫고 말아요"라고 하죠. 바로 그겁니다! 문을 닫았을 때, 가는 거죠. 교통체증에 시달릴 일도 없고 매장에서 귀찮게 하는 사람도 없습니다. 나는 상점이 문을 닫았을 때, 쇼핑을 합니다. 돈도 안 들고 좋습니다. 그리고 문을 열었을 때는 물건을 사러 한 번만 갑니다. 이것은 마치 애인의 사진을 가지고 다니는 것과 같습니다. 그렇지만 사진에 키스를 하는 것과 애인에게 키스를 하는 것은 하늘과 땅 차이가 있죠.

목표에 대해 규칙을 정하는 법을 배우십시오. 목표를 세우고 달성하는 시스템을 개발해야 합니다. 예를 들면 '이걸 하기 전에는 저걸 안 하겠다', '주머니에 돈이 있어도 이걸 달성하기 전에는 그 돈을 쓰지 않겠어', '내가 성과를 내고 목표를 달성하기 전에는 이걸 못하게 하겠어' 라는 식입니다.

그런 다음, 돈을 쓰면 스스로 목표를 세우고 달성했기 때문에 당당하게 쓸 수 있습니다. 나에게 이러한 시스템은 아주 효과적이었습니다. 나는 목표를 세우고 세상에 대해서가 아니라 내 생활에 대한 규칙을 정했습니다. 여러분의 꿈을 정기적으로 느껴보십시오. 그게 무엇이든 시간을 내서 알아보고 연구해보십시오. 5-20개의 목표를 정해놓고 매일, 매주, 매달 직접 확인해보아야 합니다.

비전에 모든 것을 걸고 그것을 습관화하라

여러분이나 여러분의 계획, 꿈을 거부하는 사람이 있을 때마다 앞으로 그 사람보다 높은 위치에 서게 될 날을 그려보십시오. 최고의 복수는 성공입니다.

여러분을 비웃는 사람을 사랑과 존중하는 마음으로 대하십시오. 여러분은 이미 그 사람보다 나은 사람이 되기로 결심했고 그걸 증명해 보일 것이기 때문입니다.

남들보다 큰 꿈을 꾸고, 더 많이 일하고 더 많이 사랑하십시오. 사랑 없이 꿈 없이 베풂 없이 남보다 일만 많이 하는 것으로는 부족합니다. 이 모든 것이 혼연일체가 되어야 합니다.

인생의 커다란 기쁨 중 하나가 남들이 못할 거라고 했던 일을 해내는 겁니다. 승자는 그 기쁨으로 사는 법을 배웁니다. 사람들이 나에게 뭔가를 못할 거라고 말하면 나는 이렇게 생각합니다.

'당신이 왕이라도 돼? 내가 나를 아는 것보다 당신이 나를 더 잘 알아?'

못할 거라는 사람들의 말을 듣고 안 하면 그들에게 결정권을 넘겨주는 셈입니다. 이기든 지든, 결정은 여러분 자신이 내려야 합니다. 행복의 비밀은 우리가 좋아하는 일을 하는데만 있는 것이 아니라, 우리가 원하는 일을 하는 것입니다. 사실, 사람들은 자신이 무엇을 원하는지 알지 못하기 때문에 자신의 일이 원하는 것을 가져다준다는 점을 확신하지 못합니다. 이들은 먼저 자신이 하고 싶은 일을 알아보고, 그 일을 할 때 무엇이 좋은지를 깨달아야 합니다.

효과적인 성공시스템을 배우려면 이렇게 해야 합니다.

먼저 성공은 결정임을 알아야 합니다. 결정을 하고 나면 비전이 따라옵니다. 비전에 모든 것을 걸고 그것을 습관으로 만들어야 비전이 삶의 방식이 됩니다. 물론 쉽지 않은 과정입니다. 힘들기 때문에 "이게 아닌가봐. 그만둬야겠어"라고 말하기 쉽습니다. 충분한 시간을 두고 성공시스템을 배우겠다는 결심을 하십시오.

그런 다음, 시스템을 실행합니다. 물론 배우는 것도 버티는 것도 힘이 듭니다. 그러나 그 단계를 지나면 성공이 옵니다. 그때가 되면 다른 사람들이 "참, 운이 좋은 사람이로군"이라는 말을 할 겁니다. 그들은 그 힘든 과정을 모릅니다. 시스템이 얼마나 중요한지 모릅니다. 그들은 여러분이 성공을 쉽게 얻은 것이라고 생각합니다. 남들이 어떻게 생각하든 여러분 자신이 만족하면 그만입니다.

열심히 일하기보다 똑똑하게 일하십시오. 똑똑하게 일한다는 것은 곧 성공시스템을 활용한다는 의미입니다. 시스템은 용기를 북돋워주고 노력을 보완해주고 노력을 배가시켜 줍니다. 그렇지만 최선의 노력을 다하지 않으면 북돋워줄 것도 보완해 줄 것도 배가해 줄 것도 없습니다.

재량껏 한다는 것은 같은 결과를 낼 수 없다는 뜻이다. - 레이 크록

/ PURSUIT /
Success is hidden in the journey.

Success is Hidden In the Journey.

28

28장 / 성공은 **봉사**다

chapter 28

> 리더십은 다른 사람들이 나아지고 좀더 책임감을 가지고
> 스스로 할 수 있도록 돕겠다는 의도로 섬기는 관계다. - 덱스터 예거

마틴 루터 킹 목사는 "누구나 위대해질 수 있다. 누구나 섬길 수 있기 때문이다"라고 했습니다. 여러분이 만나는 상대가 처음 만났을 때보다 나아지도록 돕는, 그런 삶을 사십시오. 대단한 사람이 되고 싶다면 자신을 보잘것없다고 생각하는 사람에게 가서 그 사람을 대단한 사람처럼 대해 주십시오. 모든 사람을 대단한 사람처럼 대하면 그들도 여러분을 대단한 사람으로 생각할 겁니다.

다른 사람을 돕되, 상처가 될 만큼 베풀면 안 된다

다른 사람들의 성공에 투자하십시오. 다른 사람들이 산을 오르도록 도울 때, 여러분도 정상 가까이 서 있는 자신을 발견하게 될 겁니다. 다른 사람들이 나아지기를 바란다면 그 사람들을 칭찬해주십시오. 사람들은 여러분이 그들을 보는 대로 여러분을 대접할 겁니다.

다른 사람들의 좋은 면을 찾으십시오. 약점이 아니라 장점을 끌어내십시오. 사람들을 이끄는 가장 좋은 방법 중 하나는 그들에게 여러

분이 뒤에 받치고 있다는 느낌을 주는 겁니다. 사람들은 칭찬 다섯 마디와 등 한 번 두드려주는 것으로 두 달을 즐겁게 살 수 있습니다.

좋은 코치는 훌륭한 팀을 만듭니다. 가장 잘하는 선수를 질시하지 않고 평범한 선수를 무시하지 않기 때문입니다. 그는 '최고의 선수'를 모아 한 팀을 만들려 하지 않고, 선수들이 팀플레이를 할 수 있도록 가르칩니다. 누가 스타인가는 상관없습니다. 그는 단지 팀이 이기기를 바랄 뿐입니다. 이기는 팀의 평범한 선수가 되는 편이 진 팀의 최고 선수가 되는 것보다 낫습니다. 코치는 선수들 자신보다 선수들에 대해 더 많이 압니다. 그렇기 때문에 코치가 된 겁니다.

손을 뻗어 다른 사람들을 도울 때, 상처가 될 만큼 베풀어서는 안 됩니다. 기분좋을 만큼만 주십시오.

▷ "무엇을 받았냐로 존경받는 사람은 없다. 존경은 무엇을 주었느냐에 주어지는 보상이다." – 캘빈 쿨리지

사업을 키우면서 시간과 인생을 투자할 대상은 사람이라는 것을 이해해야 합니다. 처음에는 거절하는 사람들에게 다가가야 합니다. 그러나 시간과 돈을 투자했는데도 계속 거절한다면, 차라리 다음 단계로 넘어가는 것이 낫습니다. 이런 사람들은 배가 고파야 배웁니다. 모든 사람이 성공하지 못하는 이유는 모든 사람이 'Yes'라고 하는 것이 아니기 때문입니다.

베푼 만큼 돌아온다

위대한 사람의 특징 중 하나는 다른 사람의 위대함을 키운다는

것입니다.

나는 좋은 방법이 있어도 다른 사람들이 그것으로 돈을 벌기까지는 내가 먼저 돈을 벌지 않았습니다. 내가 돈을 벌기 전에 다른 사람들이 먼저 돈을 벌도록 한 것이죠. 그것은 내가 위대한 사람들은 '위대함이란 자신 안에 머무는 것이 아니라, 자신을 통해 다른 사람에게 흘러간다' 라는 남다른 생각을 한다는 것을 깨달았기 때문입니다.

▷ "풍요한 삶의 세 가지 열쇠는 다른 사람에게 관심을 갖고 다른 사람을 위해 용기를 내고 다른 사람들과 나누는 것이다." – 윌리엄 워드

▷ "우리는 버는 것으로 생활을 하지만 주는 것으로 인생을 일군다."
 – 노먼 맥유언

다른 사람들을 행복하고 성공하게 해주겠다는 목표를 세우십시오. 여러분이 사랑과 관심을 주면 다른 사람을 돕는 겁니다. 그러나 여러분 스스로 일어서는 법을 배우는 것이 더 중요할 때도 있습니다. 여러분이 어떻게 일어서는가가 다른 사람들이 일어서는데 도움이 되기 때문입니다. 그 방법은 남을 실제로 가르치면서 배울 때가 많습니다.

무엇보다 베풀려는 마음이 있어야 합니다. 사랑을 받기 위해서는 남을 사랑해야 합니다. 다른 사람의 것을 공유하고 싶다면 여러분의 것을 먼저 나눠야 합니다.

모든 사람이 중요합니다. 어딜 가든 사람들은 문제가 있다고 할 겁니다. 그들은 사랑을 필요로 합니다. 관심을 필요로 합니다. 사람들

은 "어떻게 그 많은 사람에게 영향을 주었나요? 어떻게 해야 사람을 좋아할 수 있나요?" 하고 묻습니다. 그들의 삶으로 들어가십시오. 한 사람, 한 사람이 중요합니다. 중요한 사람이 되고 싶으면 다른 사람들이 중요하다는 느낌을 받도록 해주십시오. 베푸는 만큼 돌아옵니다.

좋은 일이 일어나기를 바란다면 사람들을 만나야 합니다. 이미지에 타격을 입을 각오를 해야 합니다. 그렇지 않으면 특별한 차이를 만들 수 없기 때문입니다. 우리가 사람들의 말을 들어주어야 다른 사람들도 우리의 말을 들어줍니다. 사업이든 일이든 마찬가지입니다. 바로 그것이 차이를 만듭니다.

다른 사람들이 한 단계 올라서도록 도와주십시오. 성공은 상대를 돕는 데서 옵니다. 우리 부부가 지금과 같은 성공을 거둔 것은 그동안 다른 어떤 사람들보다 더 많은 사람을 성공하도록 도왔기 때문입니다. 그 비결은 간단합니다. 먼저 도와줄 사람들을 찾습니다. 성공하겠다는 굳은 의지를 가진 사람들을 찾는 겁니다. 그러기 위해 우리는 수많은 사람들을 만났습니다. 그들을 거쳐 지금의 성공을 거둔 소수의 사람들을 찾은 것입니다. 여러분도 할 수 있습니다.

여러분은 성공할 수 있습니다. 여러분은 어느 정도의 성공을 원합니까? 다른 사람들이 얼마나 멀리 가도록 도울 생각입니까?

때론 'No'도 필요하다

나를 여러분보다 작은 사람으로 생각하십시오. 여러분이 나보다 더 큰 사람이 될 수 있습니다. 누구나 나보다 더 큰 사람이 될 수 있지만, 그렇게 되려면 숨이 턱에 닿도록 열심히 노력해야 합니다.

나와 여러분의 차이점이 어디에 있습니까? 그것은 바로 커뮤니

케이션 라인이 다르다는 겁니다. 여러분의 성공을 돕기 위해 내가 손을 뻗고 있다는 사실이 다른 겁니다. 나는 여러분이 성공하기를 바랍니다. 하지만 여러분 스스로 내가 여러분에게 바라는 것보다 더 성공하겠다는 마음이 있어야 합니다.

이것은 여러분의 사업입니다. 여러분이 노력할 생각이 없는데, 내가 대신 해줄 수는 없습니다. 그러나 가르쳐줄 수는 있습니다. 내가 여러분을 돕겠습니다. 그리고 여러분의 친구들이 도움이 필요하다면 우리가 함께 도우면 됩니다. 도움이 필요없다는 사람들에게는 두 배의 노력을 기울여야 합니다.

내가 차를 파는 딜러로 일할 때, 매니저가 이런 말을 했습니다.

"자네가 반드시 배워야 할 말이 있는데 그것은 'No' 라는 말일세."

살면서 가장 하기 어려운 말이 'No' 라는 말인 것 같습니다. 그렇지만 가끔은 'No' 라는 말이 약이 되는 사람들도 있습니다.

처음 뇌졸중으로 쓰러졌을 때가 생각납니다. 병원에 한 달쯤 있다가 퇴원할 무렵, 신경외과 전문의 여덟 명이 내가 절대로 휠체어에서 못 일어날 것이라고 하더군요. 그때, 나는 '절대로 못 걷는다고? 그것은 당신들 결정이지 내 결정이 아니야!' 라고 생각했죠.

퇴원을 하면서 기분이 아주 좋았습니다. 살아있다는 게 기뻤습니다. 그렇지만 병원에서 말로 당할 만큼 당한 터라 집에 돌아온 나는 아내에게 이혼하자고 했습니다.

"여보, 이렇게 불구가 된 사람하고 살 필요없어. 당신 잘못이 아니잖아. 당신은 아직도 젊고 매력적이야. 이런 짐을 떠안고 갈 필요가 없어."

다음 날 아침, 내가 일어났을 때 침대 옆에 이렇게 쓰인 카드가 있었습니다.

"중요한 건 우리에게 서로가 있다는 거예요."

아주 짧은 한 마디였지만, 당시 나는 세상을 다 얻은 듯한 기분이었습니다. 너무 멀리 내다보기 전에 여러분 가까이에 있는 사람을 먼저 챙기십시오. 부부가 서로 도와야한다는 것을 잊지 마십시오. 사람은 누구나 칭찬과 사랑을 필요로 합니다. 바깥에서 아무리 욕을 먹고 손가락질을 당해도 여러분 곁에 여러분을 믿고 사랑하고 의지하는 단 한 사람만 있다면 꿋꿋하게 살아갈 수 있습니다.

사랑과 희망의 전도사가 되라

내 성공비결 중 하나는 내가 섬길 수 있는 사람과 사랑에 빠졌다는 겁니다. 여러분이 자신을 사랑하는 것보다 더 여러분을 사랑하는 사람, 여러분보다 더 여러분을 잘 아는 사람 그렇지만 여러분에게 지도가 필요하다는 것을 아는 사람, 여러분이 문제를 가지고 가면 그 문제를 해결하도록 도와주는 사람이 있을 때 여러분은 성장합니다.

그렇다고 우리가 다른 사람의 모든 문제를 해결해주는 것은 아닙니다. 다른 사람들에게 '이걸 해라', '저걸 해라' 하는 게 아닙니다. 잘못된 길로 가지 않는 한, 우리는 가만히 지켜보면서 그들이 무엇을 할지 스스로 결정할 수 있도록 돕습니다. 잘못된 길로 갈 때는 "틀린 길입니다. 옳은 길로 가세요"라고만 합니다.

사람들을 포기하지 말고 최선을 다하십시오. 그러기 위해서는 믿음이 필요합니다. 절대로 사람에 대한 사랑을 중단하지 마십시오. 그것이 진정한 사랑입니다. 이걸 하고 저걸 하고, 이런 실수를 하고 저런 말썽을 부리는 것이 중요한 게 아닙니다. 먼저 사랑이 무엇인지 알아야 합니다. 사랑은 결정입니다. 누군가를 사랑하기로 결정하거나 사랑하지 않기로 결정하는 겁니다.

누군가를 사랑하기로 결정하면 그 사람을 사랑하기가 쉬워집니다. 그렇지만 그 사람을 존중하기가 항상 쉬운 것은 아닙니다. 존중이란 노력을 통해 얻어지는 것이니까요.

사랑은 노력으로 얻는 것이 아닙니다. 그러므로 마음속에서 사랑과 존중을 분리하는 법을 배우십시오. 그 사람이 있는 곳으로 가서 "넌 할 수 있어"라고 말해주어야 할 때도 있습니다.

희망은 우리가 서로에게 줄 수 있는 선물입니다. 희망은 친구들이 서로에게 주는 겁니다. 희망은 우리가 끊임없이 주어야 하는 겁니다. 희망은 더 많이 줄수록 더 많이 돌아옵니다. 희망의 전도사가 되십시오.

밀물이 오면 모든 배가 떠오른다. - 무명씨

탁월한 리더는 아랫사람들의 자신감을 키우기 위해 남다른 노력을 기울인다. 그들이 자신을 믿을 때 얼마나 큰 일을 할 수 있는지를 알면 깜짝 놀랄 것이다. - 샘 월튼

물고기 한 마리를 주면 하루 동안 먹을 수 있지만, 물고기 잡는 법을 가르쳐주면 평생 먹을 수 있다. - 중국 속담

인생의 가장 큰 묘미 중 하나는 스스로를 돕지 않고 다른 사람을 도울 수 있는 사람은 없다는 것이다. - 찰스 더들리

좋은 리더란 먼저 봉사하는 자가 되어야 한다.
Good leaders must first become good servants.

- 「덱스터의 사업 비결」中 -

/ PURSUIT /
Success is hidden in the journey.

29

Success is Hidden
In the Journey.

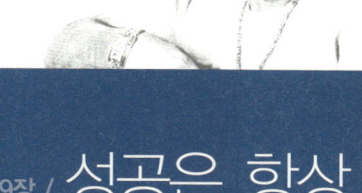

29장 / 성공은 항상
헝그리 정신을 갖는 것이다

chapter 29

인간은 손으로 잡을 수 있는 그 너머에 닿으려고 해야 한다.
그렇지 않다면 천국이 왜 있겠는가? - 로버트 브라우닝

　가장 중요한 성공비법 중 하나는 여러분이 성장하면서 꿈도 함께 성장하도록, 꿈을 키우는 법을 배우는 겁니다. 사업을 시작하고 얼마 안 되었을 때, 나에게는 어떤 꿈과 목표가 있었습니다. 그것을 열심히 좇았죠. 하지만 그 목표와 꿈을 이뤘을 때 어디로 가야할지 몰랐습니다. 성장하는 법을 몰랐기 때문이죠.

　그때부터 나는 꿈을 키우는 법을 배웠습니다. 항상 정신적으로 배고픈 상태, 소위 말해 '헝그리 정신'을 갖는 법을 배웠습니다. 세계의 내로라하는 부자들도 이 헝그리 정신을 유지하는 법을 배웁니다. 대부분의 사람들은 안정된 생활을 위해 애쓰지만 그건 죽음으로 가는 길입니다. 생활이 안정되었을지라도 마음속에 자랄 수 있는 공간, 더 잘할 수 있는 공간은 비워두어야 합니다.

계속 불편한 상태를 유지하라

　여러분이 성공할수록 안주하고 싶은 유혹은 더 커질 겁니다. 그

러나 성공하면 더 많은 기회가 생깁니다. 그 기회를 보려면 항상 헝그리 정신을 유지해야 합니다. 그렇지 않으면 높은 곳까지 올라갔음에도 그곳을 미래의 도약대로 활용하지 못하고 오히려 무덤으로 만들어버리게 됩니다.

여러분의 가장 귀중한 자산은 두 귀 사이에 있는 '정신'이라는 금광입니다. 그 금광은 캘 때만 가치가 무궁무진합니다. 여러분의 몫을 찾아 일하십시오. 산에 올라가 금광을 가졌다고 목이 터져라 외쳐보아야 아무도 알아주지 않습니다. 캐내지 않으면 가난하게 살다가 가난하게 죽을 뿐입니다.

우리에게 얼마나 에너지가 있는지, 얼마나 큰 꿈을 품을지 정할 때 크게 생각하십시오. 꿈을 꿀 수 없다면 가질 수도 없습니다.

계속 불편한 상태를 유지하십시오. 편하다고 생각하는 순간부터 속도가 느려집니다. 낮에 쉬거나 밤에 쉬기 시작합니다. 더 많이 쉬고 이루는 것은 적어집니다. 계속 불을 지펴야 합니다.

간절히 원하는 게 있으면 스스로 변하게 됩니다. 변하지 않고는 앞으로 나아갈 수 없습니다.

심장발작이 일어났을 때, 내 식습관은 아주 나빴습니다. '먹고 싶은 것도 못 먹고 산다면 뭣하러 살아?'라는 바보 같은 생각을 했었죠. 그러다가 병이 나면서 '패턴을 바꾸자'는 결심을 하게 되었습니다.

하루는 저녁에 조용히 앉아 최악의 시나리오를 생각해보았죠.

'몸에 좋은 걸 먹지 않으면 내 수명을 다 채우기도 전에 죽는다. 그럼 버디가 날 화장하고 나서 외로움을 느낄 테고, 다른 놈하고 사랑에 빠지겠지. 그런데 그 놈이 나랑은 정반대라서 절약을 모른다면? 내 돈을 마음껏 쓰고 버디에게 온갖 재미있는 걸 다 해주겠지. 내가 정한 원칙 같은 건 없는 사람일 거야. 내 차를 몰고 다니면서 내 아내와 내 침대에서 잠을 잘 거다…'

최악의 시나리오를 그려보면 바뀔 수밖에 없습니다. '어떻게 해야 하는지'는 우리가 가르쳐줄 수 있지만, 결정을 내리는 것은 여러분 자신입니다.

헝그리 정신이 부를 가져온다

언젠가 어떤 사람이 헨리 포드에게 말했습니다.
"당신은 돈이 있을 만큼 있잖아요."
그러자 헨리 포드는 빙그레 웃으며 대답했습니다.
"아니오. 조금, 아주 조금 더 있어야 합니다."

여러분과 나는 그렇게 살아야 합니다. 내일을 위해 '조금 더' 그리고 오늘을 위해 '조금 더' 필요한 사람이 되어야 합니다. 고여 있는 물은 썩게 마련입니다. 간혹 자신은 원하는 것을 다 얻었다고 자신있게 말하는 사람을 만나기도 합니다. 하지만 그 말은 거짓입니다. 거짓말이 아니라면 그 사람이 어딘가 아픈 것입니다. 원하는 것을 다 얻었다면, 계속 일할 이유가 어디 있겠습니까? 그것은 "돈은 내게 아무런 의미도 없어요"라는 거짓말과 똑같습니다.

지금까지 이룬 것 말고 여러분 앞의 기회로 마음을 채우십시오. 헝그리 정신을 가진 사람만이 성장할 수 있습니다. 결코 현재에서 만족하지 마십시오. 기회를 위해 마음을 계속 비워야 만족이 앞으로의 성장에 방해가 되지 않습니다. 헝그리 정신을 가지면 아이디어와 꿈으로 채울 공간이 생깁니다. 그렇게 헝그리 정신을 유지함으로써 물질적인 부를 얻을 수 있습니다.

▷ **"쉬면 녹슨다."**
  − 존 러스킨

▷ **"가장 많이 일을 하고 가장 많이 생각하는 사람은 성공할 수밖에 없다."**
  − 헨리 포드

/ PURSUIT /
Success is hidden in the journey.

30

Success is Hidden In the Journey.

30장 / 성공에는 변명이 없다!

chapter 30

> 어떤 사람들은 돈을 벌고 어떤 사람들은 변명만 한다.
> 둘 다 하는 사람은 없다. - 덱스터 예거

어떤 남자가 수술을 받고 나서 모든 에너지와 열정을 쏟아 뭔가를 하고 있었습니다. 나중에 알고 보니 다시 직장에 나가지 않으려고, 장애등급이 높은 의사진단서를 받기 위해 그렇게 애를 썼다고 하더군요. 놀라운 일 아닙니까? 승리한 사람들은 전진하는 데 모든 것을 걸지만, 패자들은 전진하지 않을 변명을 만들려고 온갖 노력을 다합니다. 그 차이를 이해하겠습니까?

여러분은 직장인 마인드를 가질 수도 있고, 성공인 마인드를 가질 수도 있습니다. 안타까운 사실은 너무도 많은 사람들이 직장인 마인드를 갖고 있다는 것입니다. 직장인 마인드를 가진 사람들은 병가를 며칠이나 낼 수 있는지를 궁금해합니다. 그래야 계획을 세워서 아프죠. 아파서라도 쉬고 싶은 겁니다. 그렇지만 승자는 아플 시간이 없습니다.

성공으로 가는 길에 변명은 있을 수 없다

누구에게나 힘든 시기는 있습니다. 나 역시 힘들다는 것이 무엇인지 알고 있고 또한 그것을 직접 겪어보았습니다. 그러나 나에게 실패에 대한 변명은 있을 수 없었습니다. 내가 병원을 나설 때, 의사들이 하는 변명은 받아들일 수 없는 변명이었습니다. 내가 나을 수 있다는 나의 믿음이 더 강했기 때문입니다. 변명은 없습니다. 승자들은 '그럼에도 불구하고' 해냅니다.

변명을 잘 둘러대는 사람은 어떤 것도 남보다 잘할 수 없습니다. 잠언은 "노력은 돈을 가져다주고 말은 가난을 가져다준다"고 했습니다. 변명하지 말고 전진하십시오.

변명은 실패의 집을 짓는데 쓰는 못입니다.

▷ "실패의 99퍼센트는 습관적으로 변명하는 사람들이 한다."
 − 조지 워싱턴 카버

실패는 여러 번 할 수 있습니다. 그렇지만 다른 사람 핑계를 대거나 환경을 탓하기 전까지 실패는 실패가 아닙니다.

우리 부부도 다른 사람들이 하는 핑계를 댈 수 있었습니다. 그렇지만 성공으로 가는 길에 변명이란 있을 수 없기 때문에 값싼 핑계를 받아들이지 않았습니다. 그런 난관을 넘어서면서 우리는 더 강해지고 더 나아지는 겁니다.

도중에 포기를 한 사람들은 왜 그만뒀는지 끝도 없이 이유를 댑니다. 이런 사람들과 달라지면 삶에 기적이 일어나고 동시에 싸움이 시작됩니다. 그것은 꿈을 위한 싸움입니다. 싸움을 할 것인지, 어떻게 싸울 것인지는 여러분이 결정할 일입니다. 아내와 나는 오래 전에 전력을 다해 싸우겠다는 결정을 했습니다.

난관을 알리바이로 삼지 마십시오. 중도포기와 실패는 항상 알리바이와 합리화, 자기연민에서 시작됩니다.

지금까지 한 번도 해본 적 없는 일을 하라

내 친구 하나는 한국에서 군복무를 하다가 지뢰를 밟아 만신창이가 되어 돌아왔습니다. 얼굴은 상처투성이가 되었고 눈은 날아갔습니다. 병원에서 의안을 끼워 넣었는데, 감기지가 않았습니다. 눈은 물론 보이지 않았고 손가락도 없어졌습니다. 완전히 불구가 된 겁니다. 그런데도 그 친구는 "2.0의 시력을 갖고도 아무것도 못 보는 사람들이 있다"고 말하곤 했습니다. 그는 비록 눈은 보이지 않았지만, 내가 아는 그 누구보다 기회를 잘 보는 사람이었습니다.

진심으로 뭔가를 하고자 하는 사람은 길을 찾습니다. 그렇지 않은 사람은 변명거리를 찾습니다.

과거에 나는 다른 사람들의 변명을 모두 받아주었습니다. 얼마나 힘들고 어려운지 나도 겪어보았으니까요. 그러나 이제는 더 이상 변명을 받아주지 않습니다. 변명을 받아줌으로써 내가 실패의 처방전이 되고 싶지 않기 때문입니다.

우리는 살면서 겪는 일에 책임을 지는 법을 배워야 합니다. 책임을 지거나 안 지거나 둘 중 하나입니다. 중간지대란 없습니다. 누구에게나 어려움이 있고 문제가 있습니다. 성공은 그러한 어려움과 문제를 해결하는데 있습니다. 성공하고 싶다면 자신 외의 다른 사람에게 손가락질할 생각은 마십시오. 누군가 '그래 맞아. 내 책임이야' 하고 나서기 전까지는 상황은 바뀌지 않습니다.

내가 변하지 않으면 바뀌는 것은 아무것도 없습니다. 지금까지와 똑같은 결과만 생길 뿐이죠. 변화하는 것보다 지금의 모습을 유지하는 것이 더 고통스러워질 때까지 아무것도 바뀌지 않습니다.

어느 날 루 홀츠 코치가 이런 말을 하는 걸 들었습니다.

"지난 50년 동안 가장 많이 바뀐 것은 과거에는 사람들이 책임과 의무에 대해 더 많이 생각했다는 것이다. 지금은 사람들이 권리와 특권만 생각한다."

과거에 나는 폭식을 하고 있었고 아스파라거스는 입에 대지도 않았죠. 최근에 와서야 먹기 시작했습니다. 예전에는 손도 안 대던 음식이 예닐곱 가지는 됐는데, 지금은 건강에 좋다고 다 먹습니다. 물론 맛을 들이는 법을 배워야 했죠.

사람들은 간혹 "그거 좋아하세요?"라고 묻습니다. 하지만 나는 선택의 여지가 없기 때문에 좋아하게 된 겁니다. 좋아하는 법을 배운 겁니다. 이것이 성공입니다.

또한 사람들은 "우리는 천만금을 줘도 당신처럼 일하지는 못해요. 그렇게 일에 파고들 수는 없어요"라고 말합니다. 그러면 성공할 길이 없는 거죠.

'안 된다'는 반대의 목소리를 죽이고, 변명을 던져버리고 지금까지 한 번도 해본 적이 없는 일을 해보십시오. 한 달 내내 피곤하고 거절당할지라도 당당히 고개를 드십시오. 한 달 내내 꿈을 꾸십시오. 배짱을 갖고 손을 뿌리치는 경험도 당해보고 다른 사람이 한 대 칠 수 있도록 얼굴도 내밀어보고 실패할 수도 있는 링 위에 오르기도 해보십시오. 그러면 보일 겁니다.

여러분이 먼저 첫 발을 떼야 합니다. 그러면 여러분을 위한 마법이 시작되고 알리바이와 변명은 두려워 근처에도 못 오게 될 것입니다.

변명은 패자의 보호막일 뿐이다

외줄타기를 해본 사람은 지금 어디 서 있는지, 그 다음 걸음을 어디로 뗄지에 집중하지 않으면 안 된다는 것을 압니다. 외줄타기 선수는 줄을 보지 않습니다. 목표를 봅니다. 줄은 발로 느낍니다. 내려다보면 떨어지고 맙니다. 그렇기 때문에 목표를 봐야 합니다.

이런 저런 어려움을 보는 것이 힘들다면 꿈을 보십시오. 목표를 보십시오. 아직 최고는 오지 않았습니다. 줄에서 벗어나 얼토당토 않은 것을 찾는 어리석음을 범하지 마십시오. 그것이 무엇이든 그것은 다른 사람의 것이지 여러분의 것이 아닙니다. 여러분을 향한 축복이 아니니 '내 팔자려니' 하고 덥석 받지 마십시오. 그 대신 여러분이 받은 축복을 세어 보십시오. 최고를 세어 보십시오.

내 친구 짐과 함께 한적한 시골풍경을 구경하던 때가 생각납니다. 한참을 돌아다니다가 마침 그 친구가 후진을 하게 되었는데, 갑자기 나무를 들이받더군요. 순간적으로 일어난 일이라 우린 깜짝 놀랐죠.

"짐, 뒤쪽 창문이 날아갔어."

그 말을 들은 짐은 껄껄 웃었습니다. 이미 벌어진 일 아닙니까!

"그러게. 뒤쪽이 다 날아간 것 같네."

우리는 밖으로 나가 살펴보지도 않았습니다. 어차피 일은 벌어진 것이고, 그냥 수리하면 그뿐 아닙니까!

사람들은 흔히 성공한 사람들이 돈만 안다고 생각하지만, 사실은 빈털터리들이 더 돈에 민감합니다. 만약 우리가 빈털터리였다면 그

차에서 당장 뛰쳐나와 나무 곁에 서서 한 시간은 고래고래 소리를 질렀을 겁니다. 그리고 다음 2주일간은 자기연민에 빠져 한탄이나 하고 있었을 겁니다. 아마도 만나는 사람마다 붙잡고 하소연을 하겠죠.

그러나 똑같은 상황에서도 승자는 해야 할 일만 합니다. 그래서 승자는 더욱 승리합니다. 그것이 승자의 선택입니다.

어떤 일이든 긍정적인 면을 봐야 합니다. 승자는 긍정적인 면을 보고, 패자는 언제나 있게 마련인 먹구름만 봅니다. 오늘 여러분은 어떤 면을 보았습니까? 밝은 면을 보았습니까? 아니면 그 위에 걸쳐진 먹구름을 보았습니까?

여러분이 어딜 가든 이래서 안 되고 저래서 안 된다는 사람이 있을 겁니다. 그러나 나는 변명거리를 찾지 않습니다. 이겨야 할 이유를 찾습니다. 이기고 싶어하는 사람을 찾습니다.

오늘은 변명이 없는 여러분 인생의 첫 날이 될 겁니다. 여러분은 원하는 어떤 사람이든 될 수 있습니다. 변명하지 마십시오. 변명같은 건 듣고 싶지 않습니다. 변명은 성공하지 못하는 사람들이 숨는 보호막일 뿐입니다.

성공하겠다면 변명은 소용없다. - 덱스터 예거

"노는 것과 일하는 것의 결과는 다르다. 놀고 싶다면 놀아라. 원하는 것을 얻었으니 불평할 이유는 없다. 그러나 놀면서 일한 사람의 대가를 가질 수는 없다." - 헨리 포드